Michael Mertens
Helmut Zumbült

Was ist erziehender Sportunterricht?

Verlag
an der Ruhr

Impressum

Autoren: Michael Mertens, Helmut Zumbült

Titel: Was ist erziehender Sportunterricht?

Druck: Druckerei Uwe Nolte, Iserlohn

Verlag: Verlag an der Ruhr
Postfach 10 22 51,
45422 Mülheim an der Ruhr
Alexanderstr. 54,
D-45472 Mülheim an der Ruhr
Tel.: 0208 / 439 54 0
Fax: 0208 / 439 54 39
E-Mail: info@verlagruhr.de
www.verlagruhr.de

© **Verlag an der Ruhr 2001**
ISBN 3-86072-612-9

*Die Schreibweise der Texte folgt
der reformierten Rechtschreibung.*

Gedruckt auf chlorfrei
gebleichtes Papier.

Vorankündigung

In der Reihe
Erziehender Sportunterricht – praktisch
erscheinen im Verlag an der Ruhr konkrete Umsetzungsbeispiele aus dem Lehrplan mit detaillierten Stundenentwürfen inklusive der passenden Arbeitsblätter.
Von M. Mertens und H. Zumbült.
Alle Bände erscheinen als A4-Papphefter
mit ca. 30 Seiten.
Weitere Informationen entnehmen Sie bitte unserer Internetseite www.verlagruhr.de und unserem Katalog 2/2001.

* **Sport und Spiel mit Pappe
  und Papier**
  Klasse 5/6
  ISBN 3-86072-626-9

* **Bewegungstheater**
  Klasse 7/8
  ISBN 3-86072-627-7

* **Laufen, Springen, Werfen**
  Klasse 10/11
  ISBN 3-86072-628-5

* **Sportartenübergreifende Zweikampf-
  schulung – Sicherheit und Fairness**
  Klasse 10/11
  ISBN 3-86072-629-3

* **Step-Aerobic als Fitnesstraining**
  Klasse 12/13
  ISBN 3-86072-630-7

* **Lange Ballwechsel im Volleyball**
  Klasse 12/13
  ISBN 3-86072-631-5

Einleitung

Die Frage nach einem Erziehenden Sportunterricht stellt sich in letzter Zeit immer dringlicher vor dem Hintergrund eines stetigen Veränderungsprozesses in unserer Gesellschaft und neuen Überlegungen zur Schulentwicklung.

Unter dem bildungspolitischen Anspruch einer Qualitätssicherung und der Förderung von Schlüsselqualifikationen in der schulischen Ausbildung gerät das einzige Bewegungsfach unter erheblichen Legitimationsdruck. In einigen Bundesländern scheint es den Sparmaßnahmen zum Opfer zu fallen. Dazu gehören Kürzungen in den Stundentafeln, der Einsatz außerschulischer Kräfte (Übungsleiter), die Faktorisierung, d.h. Sportlehrer sollen mehr Stunden für weniger Geld unterrichten, und der Wegfall des Sportabiturs. Mit dieser Krise des Schulsports stellt sich auch die Frage nach dem Bildungsgehalt des Sportunterrichts.

Der erziehende Sportunterricht ist eine didaktisch-pädagogische Offensive **gegen** eine Abwertung des Sports als Schulfach und **für** die Erfüllung vielseitiger Ansprüche an den Sport im Rahmen des schulischen Doppelauftrags von Bildung und Erziehung. Dazu bedarf es einer Umorientierung weg von einem einseitigen Sportartenprogramm hin zu einem pädagogisch aufbereiteten Sportunterricht: vom Schul**sport** zum **Schul**sport.

Dieses Heft soll dabei helfen. Hier werden grundsätzliche Fragen nach dem Was?, Warum? und Wie? gestellt und diskutiert. Es richtet sich an Sportlehrkräfte aller Schulformen und Schulstufen, an Studierende und Studienreferendare und soll eine grundlegende Orientierung bieten. Es erhebt also nicht den Anspruch einer vollständigen Problemanalyse.

Mit der Frage nach dem „Was?" verbindet sich eine allgemeine Begriffsbestimmung von „Erziehung". Sie wird für das Fach Sport konkretisiert in den „Pädagogischen Perspektiven auf den Schulsport" und den „Prinzipien eines Erziehenden Sportunterrichts".

Die Frage nach dem „Warum?" soll allen Sportlehrkräften die Notwendigkeit einer Besinnung auf die pädagogischen Möglichkeiten und Stärken des Bewegungsfachs Sport verdeutlichen. Dabei wird aufgezeigt, dass Erziehender Sportunterricht vielseitigen Ansprüchen an die Institution Schule gerecht werden kann. Dazu gehört auch die Vermittlung von Schlüsselqualifikationen für eine allgemeine Studierfähigkeit.

Von entscheidendem Gewicht ist aber die Frage nach dem „Wie?". Hier wird versucht, über eine Auswahl praxisnaher Bedingungsfaktoren eines Erziehenden Sportunterrichts möglichst konkrete Hinweise für eine erfolgreiche Umsetzung zu geben.

In weiteren Veröffentlichungen zu dieser Thematik werden im Verlag an der Ruhr Handreichungen für Sportlehrkräfte der Sekundarstufen aller Schulformen erscheinen. Anhand detailliert ausgearbeiteter Unterrichtsreihen (einschließlich umfangreicher Unterrichtsmittel als Kopiervorlagen, z.B. Arbeitsblätter, Folien, Beurteilungsbögen) werden interessierten und engagierten Lehrerinnen und Lehrern Beispiele eines Erziehenden Sportunterrichts vorgestellt.

In einer großen inhaltlichen Bandbreite unterschiedlichster Unterrichtsvorhaben, von der differenzierten Leistungserfahrung in der Leichtathletik, über Zweikampfschulung bis zur Bewegungsgestaltung im fächerverbindenden Unterricht sollen exemplarisch Beispiele eines pädagogisch ausgerichteten, bewegungsintensiven Sportunterrichts aufgezeigt werden.

Mit diesen Beiträgen hoffen die Autoren Impulse zu setzen für die notwendige Diskussion und Kooperation in den Fachkonferenzen zum Zwecke einer Erneuerung des Schulsports.

I. Erziehender Sportunterricht – eine Standortbestimmung zu ...

1. ... Erziehungsfragen

Der Mensch als unspezialisiertes Mängelwesen ist hilfebedürftig und braucht Erziehung! Er ist aber auch als Verstandeswesen in besonderem Maße lernfähig und lernbereit, insbesondere wenn das Lernen im Zusammenhang mit seinen Interessen und Wünschen steht. Die Erwachsenen (aber auch die dingliche Umwelt) sind Lehrmeister, indem sie absichtlich belehren oder durch ihr Sein und Handeln ein weites Feld der Erfahrung und des Lernens bieten.

Was ist aber das Erzieherische im Bemühen der Erwachsenen um eine angemessene Entwicklung der Heranwachsenden? Bei der Erziehung geht es nach Kaiser/ Kaiser (1991, 17) „darum, der nachwachsenden Generation die in einer Gesellschaft vorhandenen und für ihren Bestand und ihre Weiterentwicklung als wichtig angesehenen Fähigkeiten, Fertigkeiten und Einstellungen zu vermitteln."

Im Alltagsverständnis ist Erziehen eine aktive, intentionale Einflussnahme beim Aufbau von Haltungen und Einstellungen. Es ist der Versuch, die Entwicklung von Kindern und Jugendlichen zu steuern, unerwünschtes oder defizitäres Verhalten zu verbessern. Dieses „Erzogenwerden", bei dem Erwachsene mit bestimmten Norm- und Wertvorstellungen Kinder lenken und manchmal sogar manipulieren (vgl. Preußischer Turnunterricht zur Wehrertüchtigung), ist Erziehung im engeren Sinne. Funktionale Erziehung (im weiteren Sinne) ist das unbewusste „Erzogensein" durch die Umstände und wirkt oft als „heimlicher Lehrplan". Darüber hinaus gibt es eine weitgehend unbeachtete, pädagogisch aber sehr bedeutsame Form des „Sich-selbst-Erziehens", die im Zentrum der nachfolgenden Überlegungen steht.

Kein Lehrer kann seinen Schülern weder das Lernen abnehmen, noch kann er über die Wirkung seiner erzieherischen Absichten verfügen. So lernt ein Individuum nur das, was es lernen **will**! Erziehung kann letztlich nur gelingen als „Selbsterziehung eines selbsttätigen Subjekts" (Kurz, 1997, 9), indem es das Gesollte auf sich bezieht, anerkennt und entsprechend handelt. Erziehen bedeutet demnach, die Selbsterziehung zu fördern. Der Erzieher gibt Anstöße für diesen Prozess und schafft förderliche Rahmenbedingungen. Es geht also mehr um behutsame Anleitung, um Überzeugungsarbeit. Das gilt auch und besonders für die Schule als Bildungs- und Erziehungseinrichtung.

Die Schule hat sich in der Vergangenheit auf die Belehrung durch Worte und Symbole konzentriert. Als separate Einrichtung bildet sie nicht das Leben ab, sondern will das Lernen betreiben.

Forschungen zur Lernmotivation haben gezeigt, dass die Reformkonzepte seit Rousseau und Pestalozzi zu Recht die Aktivität und die eigene Erfahrung der Schüler betonen.[1] Nicht Reflexion statt Erfahrung, sondern Reflexion über (Bewegungs-)Erfahrung ist das Besondere des Aufgabenbereichs Sport.

Die erzieherisch bedeutsame Tätigkeit ist eine Bewegungshandlung der ganzen Person, die dann zusätzlich über verbale oder symbolische Kommunikation gedeutet wird. Als einziges Bewegungsfach zielt der Schulsport auf die körperliche Entwicklung der Kinder und Jugendlichen und kompensiert den Bewegungsmangel in einer technisierten Mediengesellschaft.

Über Bewegung werden aber auch andere Dimensionen angesprochen (Emotionen, soziale Bezüge, Wissen) und Wirkungen ausgelöst.

Erziehender Sportunterricht steht für einen selbstbestimmten, kompetenten und verantwortlichen Umgang mit dem eigenen Körper in der Auseinandersetzung mit der Bewegungsumwelt und mit den handelnden Personen in der Schule. Er lässt sich auf die Kinder und Jugendlichen ein, wie sie sind. Er ist personen- und nicht sachorientiert.

Erziehender Sportunterricht hat einen Zweck, ist aber nicht Selbstzweck. Er soll die Schülerinnen und Schüler in ihrer Gegenwart und Zukunft menschlich stärken.[2] (Funke-Wieneke, 2001, 48)

Bewegung rund um die Uhr

Schulweg

Schulpausen

Hausaufgaben

Schulstunden

Freizeit

Schulweg

Essen

Schlafen

Abendprogramm

Ausgangspunkt eines Erziehenden Sportunterrichts ist demnach weniger der organisierte Sport mit festgelegten Formen und Normen, sondern ein pädagogisch ausgewählter und aufbereiteter Sport.

Er berücksichtigt die Voraussetzungen und Interessen der Schülerinnen und Schüler und bietet in der Breite des Angebots vielseitige Orientierungsmöglichkeiten. Grundlegende Zielsetzung eines Erziehenden Sportunterrichts ist der Aufbau einer reflektierten Beziehung zum Sport, zur Bewegung und zum eigenen Körper.

Dazu bedarf es der Anregung von Selbsterziehungskräften im eigenständigen Umgang mit dem Körper.

Es geht um eine kritische Auseinandersetzung mit gewachsenen Formen des Sports und um die Fähigkeit, gemeinsam mit anderen Sporthandlungen zu inszenieren.

Erziehender Sportunterricht hat das pädagogisch Wertvolle bei Bewegung, Spiel und Sport im Blick.

Er wirkt darauf hin, dass die Schülerinnen und Schüler Freude an sportlicher Bewegung gewinnen und den für sie wichtigen Sinn im Sport finden. Diesen selbstgefundenen „eigenen" Sport gilt es dann verantwortungsvoll sich selbst, anderen und der Umwelt gegenüber auszuüben.

Erziehender Sportunterricht macht den Schülerinnen und Schülern die Mehrperspektivität sportlichen Handelns und Erlebens zugänglich:

➤ Spaß an Bewegung, Spiel und Sport
➤ Wahrnehmung und Erfahrung
➤ Ausdruck und Gestaltung
➤ Wagnis und Verantwortung
➤ Übung und Leistung
➤ Konkurrenz und Kooperation
➤ Gesundheit und Fitness

Erziehender Sportunterricht löst den schulischen Doppelauftrag ein. Über individuelle Entwicklungsförderung (Erziehung durch Sport) und die Erschließung der Bewegungs-, Spiel- und Sportkultur (Erziehung zum Sport) vermittelt er zwischen individuellen und gesellschaftlichen Ansprüchen. Es geht sowohl um sportimmanente Fertigkeiten, Fähigkeiten und Kenntnisse, als auch um übergreifende Haltungen zur urteils- und handlungsfähigen Teilnahme an Gestaltungsprozessen in Bewegung, Spiel und Sport.

Erziehender Sportunterricht bedeutet die Abkehr von einem Sportartenprogramm, das mit der ausschließlichen Vermittlung genormter motorischer Fertigkeiten innerhalb starrer Regelstrukturen pädagogischen Ansprüchen eines **Schul**sports nicht gerecht wird. Ausgehend von der Idee einer individuellen Sinngebung in den Bereichen Bewegung, Spiel und Sport sollen den Schülerinnen und Schülern Perspektiven eröffnet werden, die möglichst allen einen Zugang zum Bewegungshandeln verschaffen.

Balz/Neumann grenzen in ihrem Aufsatz (1999, 165f) besondere Merkmale eines Erziehenden Sportunterrichts zu anderen Unterrichtskonzepten ab:

> **Erziehender Unterricht ist ganzheitlich angelegt:**
> Kinder und Jugendliche brauchen eine komplexe Förderung, die gleichermaßen auf „Kopf, Herz und Hand" gerichtet ist. So können sie ihre Persönlichkeit, ihre soziale Handlungsfähigkeit und ihre Sachkompetenz entfalten.

> **Erziehender Unterricht behandelt fachübergreifende Themen:**
> Die Grenzen der Unterrichtsfächer sollen mit Blick auf vielschichtige Lebenswirklichkeit der Schüler durch eine bewusste Erfahrungs- und Handlungsorientierung, Projekte und Vorhaben überschritten werden.

> **Erziehender Unterricht lässt die Schüler mitbestimmen:**
> Auf der Grundlage eines praxiswirksamen Demokratieverständnisses ist beabsichtigt, Kinder und Jugendliche an Entscheidungen über die Auswahl von Themen und die Bestimmung von Lernwegen in zunehmenden Maße teilhaben zu lassen.

> **Erziehender Unterricht setzt auf selbstständiges Handeln:**
> Die Schüler sollen durch offene, problemorientierte Vorgehensweisen

angeregt werden, möglichst selbsttätig zu arbeiten. Sie sollen ihre Initiative und Kreativität nutzen und sich so eine Sache wirklich aneignen.

> **Erziehender Unterricht benötigt rollenbewusste Lehrkräfte:**
> Das Selbstverständnis der Lehrerinnen und Lehrer muss über ihre Funktion als Sachverwalter und Unterrichtsexperten hinausgehen. Es muss die Reflexion ihrer Erziehungsaufgabe und Vorbildwirkung einschließen und in ein freudvolles Engagement für die Schüler und den Unterricht münden.

> **Erziehender Unterricht durchdringt das Schulleben:**
> Der Anspruch einer Verknüpfung von Erziehung und Unterricht zielt auf die „ganze" Schule als Lern- und Lebensraum; an der Gestaltung, Entwicklung und Öffnung von Schule sollen die Betroffenen beteiligt werden.

2. .... pädagogischen Perspektiven auf den Schulsport

Die Verschulung dessen, was unter dem Begriff „Sport" subsumiert wird, ist nicht unkritisch zu sehen. Es besteht die große Gefahr, dass letztendlich im Sportunterricht nur noch das gelehrt wird, was man im öffentlichen Bewusstsein unter Sport versteht, während die Fülle der anderen Bewegungsmöglichkeiten auf der Strecke bleibt. Der Sportunterricht wird zum Spiegelbild des medial vermittelten Bilds des Sports in der Öffentlichkeit. Dieses ist derzeit eher negativ besetzt: Doping, Kommerzialisierung, Profitmaximierung, Hooligans etc. Es fällt bei all den negativen Exzessen des Sports schwer, den Bildungsgehalt des Sportes zu vermitteln.

(vgl. Wydra, 1999)

Gerade die inhaltliche Gleichsetzung von Schulsport mit Vereinssport lieferte ein starkes Argument für die Kürzung des Sportunterrichts. In einem Modellversuch in Hamburg wurde gar der Sportunterricht „verkauft", indem Schüler der Berufsschulen anstelle ihrer Sportstunden einen Gutschein im Sportverein einlösen mussten.

„Wenn es nicht gelingt, die Unterschiede des schulischen Sportunterrichts zum außerschulischen Sport deutlicher zu artikulieren, dann liefern wir angesichts der aktuellen schulpolitischen Diskussionen selber die Argumente für eine Verlagerung des Schulsports in Vereine.

Und eine solche Fehlentwicklung können wir nur verhindern ... durch eine pädagogische Leitlinie für Schulsport."

(Beckers 1995, 47).

Eine solche bieten die von Kurz entwickelten Pädagogischen Perspektiven auf den Sport. Es sind Sinnrichtungen und Motive des Sporttreibens mit Mehrperspektivität als Kernstück der Handlungsfähigkeit.

Bezüglich der Bedeutung der in empirischen Studien ermittelten Motive und Einstellungen hält Kurz (1987, 64) fest:

„Die Sportmotive müssen erst durch einen pädagogischen Filter, bevor sie in der didaktischen Literatur als Sinngebungen auftauchen, auf die man Handlungsfähigkeit beziehen kann...".

Damit will er zum Ausdruck bringen, dass es nicht darum geht, jedes kurzfristige Motiv oder jede Modewelle zum Ausgangspunkt neuer pädagogischer Überlegungen werden zu lassen.

Vielmehr muss die jeweilige Bedeutung die einzelne Perspektive für die Bildung analysiert werden.

Das undifferenzierte Spaßmotiv wird in verschiedene Sinnrichtungen zerlegt, ohne dass dabei das sinnerfüllte sportliche Handeln zu kurz käme.

Erziehender Sportunterricht ist also eindeutig motivationsorientiert und soll den Schülerinnen und Schülern positive, freudvolle Erfahrungen im Handlungsfeld Bewegung, Spiel und Sport vermitteln.

STREETBALL

Diese pädagogische Wertung der Bildungsgehalte bestimmter Sportarten hat eine lange sportpädagogische Tradition. Balz (1992) stellt den sportlichen Sinngebungen entsprechende Pädagogische Aufgaben gegenüber.

Sportliche Sinngebungen	Pädagogische Aufgaben
• Gesundheit (Fitness, Wohlbefinden)	• Gesundheitserziehung
• Miteinander (Geselligkeit, Gemeinschaft)	• Sozialerziehung
• Leistung (Wettkampf, Erfolg)	• Stärkung des Selbstwertgefühls
• Ausdruck (Darstellung, Gestaltung)	• Ästhetische Erziehung
• Eindruck (körperliche Erfahrung / Erfahrungen mit Material)	• Entwicklung der Wahrnehmungsfähigkeit
• Spannung (Risiko, Abenteuer)	• Erlebnispädagogische Akzentuierung

Eine Perspektive beschreibt einen möglichen Standpunkt, von dem aus der Betrachter einen Gegenstand sieht. Die Pädagogischen Perspektiven auf den Schulsport eröffnen Chancen, wie das Fach „Sport" am allgemeinen schulischen Auftrag mitwirken und die Entwicklung Heranwachsender fördern kann. Gleichzeitig lässt sich jede Perspektive auch an eine individuelle Sinngebung anknüpfen (s. u.: Entfaltung der Perspektiven).
Sie kann Sportkultur, gerade auch im Hinblick auf aktuelle Trends, erschließen. Dabei ist zu berücksichtigen, dass bestimmte Perspektiven den Interessen der Schülerinnen und Schüler besonders entgegenkommen. Dies gilt in besonderem Maße für die Perspektiven Spannung und Leistung, da diese Elemente ihrem traditionellen Sportverständnis eher entsprechen. Andere Perspektiven dagegen werden nur über behutsame Überzeugungsarbeit breite Zustimmung finden.
So ist z.B. Gesundheit für junge Menschen „kein Thema". In der nachfolgenden Übersicht werden die sechs Pädagogischen Perspektiven, die in den Richtlinien Sport in NRW (MSWWF, 1999) ihren Niederschlag finden, stichwortartig aufgeführt und kurz erläutert.

© Verlag an der Ruhr, Postfach 10 22 51, 45422 Mülheim an der Ruhr, www.verlagruhr.de

13

Perspektive	Entfaltung der Perspektiven
(A) **Wahrnehmungs- fähigkeit verbessern, Bewegungs- erfahrungen erweitern**	➤ materiale und leibliche Erfahrungen ➤ differenzierte Wahrnehmung körperlicher Befindlichkeiten ➤ Sensibilität, Verantwortlichkeit und Kompetenz mit der eigenen Körperlichkeit und der Körperlichkeit anderer Menschen ➤ Erfahrung der Veränderbarkeit vorgegebener Bewegungsmuster und -räume ➤ Einsicht in den Zusammenhang zwischen sportlicher Betätigung und Körperempfinden ➤ Einsicht in den Zusammenhang zwischen Körperhaltung und Körpersprache ➤ Einsicht in den Zusammenhang zwischen differenzierter Wahrnehmung und kreativer Bewegungsgestaltung
(B) **Sich körperlich ausdrücken, Bewegung gestalten**	➤ Ausdrucksformen wie Sprache, Musik, Rhythmus – in Bewegung umsetzen ➤ eigene Empfindungen oder vorgegebene Themen phantasievoll durch Bewegung gestalten und sichtbar machen ➤ der Körper als Vermittler von Botschaften der Person ➤ kritische Ausarbeitung moderner Erscheinungsformen von Körpersprache ➤ Thematisierung kulturspezifischer Unterschiede der Verwendung und Bedeutung des Körpers

STREETBALL

Perspektive	Entfaltung der Perspektiven
(C) **Etwas wagen und verantworten**	➤ Empfindung von Spannung oder Genuss durch eine gelungene Handlung ➤ realistische Einschätzung eigener Fähigkeiten und ihrer Grenzen ➤ der Erlebnisgehalt von Jugendkulturen durch Wagnissituationen ➤ bewusstes und umsichtiges Abwägen von Risiken und Wagnissituationen ➤ Mut zum Neinsagen ➤ umsichtiger Umgang mit der eigenen und der Gesundheit anderer in Wagnis- und Erlebnissituationen
(D) **Das Leisten erfahren, verstehen und einschätzen**	➤ Erarbeiten eines langfristig und kontinuierlich auf ein Leistungsoptimum ausgerichteten Prozesses des Übens und Trainierens ➤ Planung, Organisation, Durchführung und Reflexion von Übungs- und Trainingsprozessen ➤ kritische Auseinandersetzung mit dem Leistungsbegriff ➤ Abgleich des Leistungsbegriffs mit individuellen Bedürfnissen und Möglichkeiten der Leistungsorientierung bei unterschiedlichen z.B. geschlechtsspezifischen Maßstäben ➤ normorientierte Leistungsbewertung

Perspektive	Entfaltung der Perspektiven
(E) **Kooperieren,** **wettkämpfen** **und sich** **verständigen**	➢ differenziertes Regelverständnis und Festigung des Regelbewusstseins in typischen Situationen des Sports ➢ Erfahrungen und Kenntnisse über die sozial verträgliche Gestaltung sportlichen Handelns ➢ Kompetenz zur Gestaltung von Kooperations- und Konkurrenzsituationen in Bewegungs-, Spiel- und Sportaktivitäten ➢ Befähigung zur Übernahme und verantwortlichen Ausübung unterschiedlicher Funktionen im Sport ➢ aufgeschlossener Umgang mit gegenwärtig nicht mehr geläufigen oder fremden Bewegungskulturen
(F) **Gesundheit** **fördern,** **Gesundheits-** **bewusstsein** **entwickeln**	➢ Bewegung, Spiel und Sport als Beitrag zu einer gesunden Lebensführung kennen lernen ➢ Förderung der Gesundheit durch physische, psychische, soziale und ökologische Aspekte ➢ Einblicke in gesundheitliche Risiken und Gefahren des Sporttreibens ➢ Erwerb gesundheitlicher Kenntnisse und Einsichten und Aneignung sich darauf beziehender Fertigkeiten und Fähigkeiten ➢ Aufbau von Kompetenzen für ein gesundheitsbewusstes Sporttreiben in eigener Verantwortung ➢ Finden und Entwickeln persönlicher Vorlieben für Bewegung, Spiel und Sport zur Steigerung von Lebensqualität und Wohlbefinden

3. ... Prinzipien eines Erziehenden Sportunterrichts

Erziehender Sportunterricht verfolgt langfristige Ziele, indem er „sowohl fachimmanente Fähigkeiten, Fertigkeiten und Kenntnisse vermitteln als auch Einstellungen und Haltungen anbahnen will" (MSWWF 1999, XLIV). Er erfordert eine akzentuierte Unterrichtsgestaltung unter den zentralen Gesichtspunkten Systematik und Kontinuität. Ausgangspunkt ist das gemeinsame, freudvolle Sporttreiben. Der Unterricht muss immer wieder an individuellen Erfahrungen anknüpfen, die Kinder und Jugendliche mit dem Sport verbinden, und er muss zukunftsbedeutend sein. Hier liegen Chancen, über Selbsttätigkeit und Erfüllung im gegenwärtigen Handeln eine positive Grundhaltung zu Sport, Spiel und Bewegung aufzubauen. Ein gutes Beispiel dafür ist das gelungene Wettspiel, in dem sich mehrere Perspektiven zu einem aktuellen Sinn verbinden: Die Schülerinnen und Schüler müssen ihr jeweiliges Können einbringen, der Ausgang des Spiels muss offen (und damit spannend) sein. Darüber hinaus müssen sie sich an soziale Vereinbarungen (z.B. Regelveränderungen) halten und somit Gemeinschaft pflegen.

Unter dem Primat der Bewegung vollzieht sich Erziehender Sportunterricht als pädagogisches Konzept nach Funke-Wieneke (1999, 17) über bestimmte Prinzipien. Diese werden im folgenden kurz wiedergegeben:

Prinzip der Reflexion:
➢ Nachdenken über Bewegungserfahrungen
➢ selbstständige Urteilsbildung
➢ reflektiertes Handeln
➢ Wissenschaftspropädeutik
➢ reflexive Koedukation, rollenspezifisches Problembewusstsein

Prinzip der Verständigung:
➢ Vereinbarungen nach demokratischen Grundsätzen
➢ zunehmende Beteiligung der Schülerinnen und Schüler an der Unterrichtsplanung, -durchführung und -auswertung
➢ Erfahrung von Konflikten und gelingendem Miteinander

Prinzip der Erfahrungs- und Handlungsorientierung:
➢ Individuelle Erfahrungen und konkrete Lebenssituationen als Ausgangspunkt von Unterricht
➢ handelnde Auseinandersetzung mit der Lebens-, Sportwirklichkeit
➢ Erprobung praktischer Handlungszusammenhänge im selbstständigen Lernprozess

Prinzip der Mehrperspektivität:
➤ Erweiterung des Horizonts, unterschiedliche Sinngebungen
➤ Blick auf das komplexe Phänomen Sport
➤ Interesse an Sportkultur
➤ Ambivalenz sportlicher Aktivitäten

Prinzip der Wertorientierung:
➤ Idee eines humanen, umweltbewussten Sports
➤ ambivalente Werterfahrungen, Spannungsgefüge, Fairness im Umgang miteinander
➤ Bedeutung und Veränderbarkeit von Regeln

In Anlehnung an Doris Küpper lassen sich die Prinzipien eines erziehenden Unterrichts zusammenfassend auf die folgenden Formeln bringen:

(Kottmann/Küpper, 1996, 8)

1. Freudvoll erlebter Schulsport für alle Schülerinnen und Schüler

2. Gezielter Kompetenzaufbau für ein verantwortungsvolles Sporttreiben

3. Anwendungsfelder im außerunterrichtlichen und außerschulischen Bereich erkunden und nutzen

Erziehender Sportunterricht

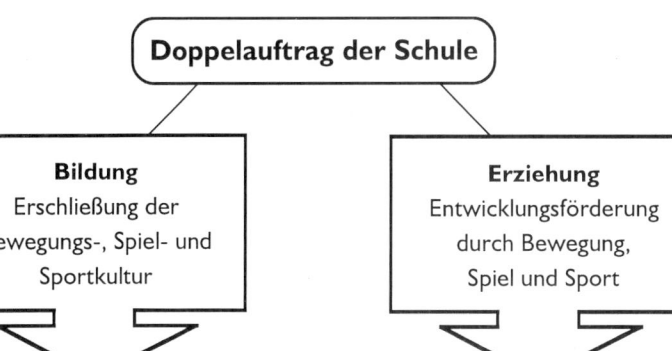

Doppelauftrag der Schule

Bildung
Erschließung der
Bewegungs-, Spiel- und
Sportkultur

Erziehung
Entwicklungsförderung
durch Bewegung,
Spiel und Sport

Erziehungsbedürftigkeit **Lernfähigkeit**
Der Mensch als weltoffenes, reduziertes Mängelwesen
erschließt seine Umwelt und braucht Bildung und Erziehung zur Entwicklung von Sach-, Selbst-, und Sozialkompetenz.

Lernen
(... im und durch Sport)

Lernen am Modell

Lernen am Erfolg

Lernen durch Einsicht

Lernen können nur Lernende selbst.

Der Lernende ist Subjekt seines
eigenen Lernprozesses.

*„Wer ein Warum hat, dem ist kein
Wie zu schwer."* (Nietzsche)

Erziehen
(... im, zum und durch Sport)

Erzogenwerden

Erzogensein

Erziehung ist Selbsterziehung eines
selbsttätigen Subjekts, indem es das
Gesollte auf sich bezieht und
entsprechend handelt.

„Hilf mir, es selbst zu tun."
(Maria Montessori)

STREETBALL

II. Erziehender Sportunterricht – eine Herausforderung bezüglich ...

„Kein Schulfach wird nur um seiner selbst willen eingerichtet. Jedes Fach ist immer auch Mittel zu außer- und überfachlichen Zwecken. Insofern muss Sporterziehung immer beides sein: Erziehung zum und Erziehung durch Sport." (Scherler, 1997, 8)

Diese Kompromissformel zur Instrumentalisierungsdebatte über den Schulsport zeigt deutlich die Notwendigkeit einer didaktischen Vermittlung zwischen Entwicklungsförderung und sportlicher Qualifizierung.

Mit seiner primär spielerischen Natur und seiner nutzlosen Funktion entzieht sich der Sport einer programmatischen Vereinnahmung und ist damit einem besonderen Legitimationsdruck ausgesetzt.

Weder Anspruchslosigkeit in der reinen Vermittlung sportartspezifischer Fertigkeiten und Fähigkeiten, noch eine totale Verzweckung des Schulsports für allgemeine Erziehungsziele würden dem Doppelauftrag des Schulfachs Sport gerecht. Unterschiedliche Sinngebungen des Sporttreibens (s.o.) sollen im Schulsport erfahren werden.

Erziehender Schulsport soll jeder Schülerin und jedem Schüler helfen, ein Selbstkonzept zu entwickeln. Insofern muss er sich in unterschiedlichen Sinnstiftungen präsentieren und leistet damit einen unaustauschbaren Beitrag, Freizeit gestalten zu können.

In der Schule leistet Sport in Verbindung mit den anderen Schulfächern einen unverwechselbaren Beitrag zum Bildungs- und Erziehungsauftrag. Daher müssen sich die Sportlehrkräfte darauf besinnen, dass sie zu Sport**pädagogen** ausgebildet wurden. Mit einem pädagogisch aufbereiteten **Schul**sport unterscheiden sie sich deutlich von den Übungsleitern und Trainern der Sportvereine.

Mit seiner Unverwechselbarkeit und Vielseitigkeit kann der Sport als einziges Bewegungsfach den unterschiedlichen Herausforderungen gerecht werden. Er bietet für die Einlösung differenzierter **Aufgaben und Ansprüche** an den Unterricht eine hervorragende Basis für erzieherisches Handeln.

1. ... gesellschaftlicher Ansprüche: Entwicklung gesellschaftlich bedeutsamer Handlungskompetenzen

„Sport stellt ein Kulturgut moderner Gesellschaften dar, und der Erziehungsauftrag des Schulsystems, nachwachsende Generationen in kulturelle Traditionen einzuführen, gilt ohne Einschränkungen auch für den Schulsport.
Er muss die Heranwachsenden zur kompetenten und kritischen Teilnahme am Sport hinführen und sie dazu anregen und anhalten, Bewegungs-, Spiel- und Sportaktivitäten in ihre alltägliche Lebensführung und in ihren Lebenslauf einzubauen." (Wydra, 1999)
Schulsport kann einen Beitrag zur Entwicklung von sozialem Verhalten leisten. In vielen Situationen bietet er Lerngelegenheiten zum Umgang mit Regeln, zum organisierten und mit anderen abgestimmten Handeln.
Er leitet zu Kooperation, zu Achtung von Mit- und Gegenspielern, zu fairem Verhalten und solidarischem Handeln an. Soziales Lernen gewinnt vor allem in einer individualisierten und sich weiter differenzierenden Gesellschaft besondere Bedeutung. Kinder und Jugendliche haben ein Recht auf ganzheitliche Erziehung, und dieses Recht muss als Bildungsauftrag des Staates durch das staatliche Schulsystem gewährleistet werden.

In einer zukunftsfähigen Gesellschaft sind Lebensqualität und Lebenszufriedenheit wichtige Grundlagen. Folgende Auffassungen über die gesellschaftliche Bedeutung des Sports werden oft vertreten:

➢ **Biologisch:**
Zivilisationsschäden wie Bewegungsmangelkrankheiten sollen durch Sport ausgeglichen werden (Gesundheit).

➢ **Politisch:**
Der Sport wirkt völkerverbindend, überwindet politische Grenzen und hilft Vorurteile abzubauen.

➢ **Sozial:**
Sozialisierende Funktion des Sports: Im Sport lernt der Mensch wichtige Werte und Normen kennen. Durch den Sport kann die Freizeit sinnvoll gestaltet werden.

➢ **Pädagogisch:**
Sportliches Handeln ist ein Entwicklungsfeld für Persönlichkeit, Identitätsfindung und Selbstwertgefühl.

➢ **Ökonomisch:**
Sport ist ein wichtiger Wirtschaftsfaktor, in dem große Geldsummen umgesetzt werden.

➢ **Ästhetisch:**
Sport ist Körper- und Bewegungskultur, in der sich der Mensch auch ästhetisch entfalten und entwickeln kann. ‚

STREETBALL

Diesen Herausforderungen kann insbesondere der Schulsport gerecht werden, indem er die Persönlichkeits- und Identitätsentwicklung der Heranwachsenden unterstützt. Er kann gesundheitlichen Beeinträchtigungen entgegenwirken.

Er sollte Bewegung, Spiel und Sport als selbstverständliche Elemente alltäglicher Lebensführung vermitteln und die nachwachsende Generation zu einer kompetenten Teilnahme am Kulturgut Sport befähigen.

Der Sport als Teilsystem unserer Gesellschaft findet allgemein ein großes Interesse und weist hohe Teilnahmeraten auf. Als Sozialisationsinstanz hat er eine enorme Bedeutung. Das gilt besonders für eine Zeit gesellschaftlicher Veränderungen, die durch Schlagworte wie Wertewandel, Single-, Informations- und Erlebnisgesellschaft gekennzeichnet sind. Deutliche Tendenzen einer exzessiven Freiheit des Individuums mit dem Pochen auf persönliche Rechte und mangelnde Bereitschaft zur Übernahme von Pflichten für die Gemeinschaft beherrschen das soziale Klima. Zur Erreichung eines Gleichgewichts zwischen Individualrechten und sozialen Pflichten, zwischen „Ich" und „Gemeinschaft", ist gerade die Erziehung im sozialen Umfeld Schule von besonderer Bedeutung. Es gilt, Anlässe für soziales Lernen und zur Förderung von Verantwortung zu schaffen.

Im erziehenden Sportunterricht geht es neben der Bewegungserziehung vornehmlich um die Entwicklung sozialer Kompetenzen im handelnden Umgang mit Mitschülern und Mitschülerinnen. Durchsetzungsvermögen und Rücksichtnahme, besonders gegenüber den Bedürfnissen des anderen Geschlechts, kennzeichnen den Umgang miteinander in der Gruppe. Es geht um die Fähigkeit und Bereitschaft, Werte und Normen, z.B. in der Gestalt von Spielregeln, anzuerkennen und einzuhalten, aber auch ggf. zu verändern und an die Bedürfnisse der Gruppe anzupassen. Weiterhin ist der Sportunterricht besonders geeignet, faires Verhalten zu erfahren und einzuüben. Die Unversehrtheit des Gegners und der gezielte Abbau von Aggressionen gilt es immer wieder anzusprechen, zu erproben und zu reflektieren. Es wird gegenseitiges Vertrauen aufgebaut über Hilfe- und Sicherheitsstellung bei schwierigen Übungen.

Balz (1989, 124ff) nennt fünf typische soziale Lernfelder für den Sportunterricht, die wesentliche Eckpunkte einer Erziehung zur gesellschaftlichen Handlungskompetenz darstellen:

➢ Regeln verstehen und handhaben
➢ Rollen übernehmen und gestalten
➢ kooperieren, konkurrieren, Konflikte bewältigen
➢ Gefühle ausleben und meistern
➢ mit Unterschieden umgehen

In Anlehnung an ein Modell von Dieckert (2000, 12) lässt sich eine Erziehung zur sozialen Verantwortung im und durch Sport in einem Schaubild verdeutlichen.

Sozialerziehung in der Schule

Erziehender

➢ Miteinander sprechen und Verständnis füreinander entwickeln

➢ Gemeinsames Handeln miteinander abstimmen und miteinander umsetzen

➢ Gemeinsam Aufgaben/Probleme lösen und arbeitsteilig bewältigen

➢ Einander helfen und Hilfe annehmen

➢ Verantwortung erkennen und übernehmen

Sportunterricht

STREETBALL

2. ... bildungspolitischer Ansprüche: Schlüsselqualifikationen, Qualitätssicherung, Vergleichbarkeit der Anforderungen, Beitrag zur Studierfähigkeit

Der Sport ist im Vergleich mit den anderen Schulfächern nicht gleich**artig**, aber gleich**wertig**. Die zentrale Bedeutung der Bewegung in einem ganzheitlichen Verständnis von Bildung wird von Wissenschaftlern und Bildungspolitikern immer wieder betont. Bei allen Praktikern besteht Einigkeit darüber, dass Sportunterricht unter dem Primat der Bewegung den kognitiven Ansprüchen einer Qualitätssicherung im Sinne der Wissenschaftspropädeutik nur teilweise genügen kann. Ein Beitrag kann nur geleistet werden, wenn die schulischen Möglichkeiten (z.B. Hausaufgaben, Referate usw.) voll genutzt werden.

Hier muss auch immer wieder kritisch hinterfragt werden, ob die Gleichwertigkeit des Schulfaches Sport sichergestellt ist, z.B. in Fragen der Leistungsbewertung. Kritische Stimmen der Kultusbürokratie weisen auf zwei Tatsachen hin. So fällt zum einen die Abiturnote im Sport durchschnittlich zwei ganze Noten besser aus als in anderen Fächern. Zum anderen kommt die Note vornehmlich durch sportmotorische Leistungen zustande, die im Verein erworben wurden. Sport darf kein „exotisches"

Fach sein mit einer weichen Zensurengebung, Verzicht auf Hausaufgaben und großzügiger Handhabung von Verspätungen und Fehlstunden.

Wenn der Schulsport seine Chancen als gleichwertiges Schulfach nutzt, kann er einen unverwechselbaren, herausragenden Beitrag bei der Vermittlung von **Schlüsselqualifikationen** zu einer allgemeinen Studierfähigkeit leisten. Diese Erkenntnis wird auch von hochrangigen Bildungspolitikern vertreten. Der Körper genießt als besonders geeignetes Lernmedium für Schlüsselqualifikationen auch in der Erwachsenenbildung (Therapiemethoden, Managementschulung) ein hohes Ansehen. Die Möglichkeiten einer Aufwertung des Faches Sport in diesem Bereich sollten also genutzt werden: Im Rahmen einer allgemeinen Persönlichkeitsentwicklung sind **Wahrnehmungs- und Gestaltungsfähigkeit** sowie **Kreativität** Merkmale, die in sportlichen Situationen erfahrbar gemacht und eingeübt werden. In einer Zeit vielseitiger Veränderungen und Innovationen im Studium und im Beruf kommen ihnen immer größere Bedeutung zu. **Kooperationsbereitschaft** und **Teamfähigkeit** sind weitere Charaktereigenschaften, die in unserer hochtechnisierten Leistungsgesellschaft einen besonderen Stellenwert einnehmen und im sozialen Gefüge einer Sportgruppe idealtypisch vermittelt und erprobt werden können. Gleiches gilt für das **Verantwortungsbewusstsein** für sich selbst und für andere.

Beharrlichkeit als zentrale Persönlichkeitsvoraussetzungen für das Erreichen selbstgesteckter oder fremdbestimmter Ziele ist ein fundamentales Kriterium bei der Verfolgung sportlicher Ziele und wird im Sportunterricht ständig gefordert. **Kritikfähigkeit und Durchsetzungsvermögen** sind in Zeiten medialer Beeinflussung durch Informationsflut und Werbung wichtige Voraussetzungen, um den eigenen Standpunkt zu finden und sich gegen Manipulation zu wehren. Auch hier können Erfahrungen aus dem Sportunterricht helfen, Einsichten zu gewinnen, Positionen zu behaupten und sich zu verständigen.

3. ... didaktischer Ansprüche: Erziehung zum und durch Sport, Instrumentalisierung

Die Sportdidaktik stellt den zentralen Kern der sportpädagogischen Arbeit dar. Es geht bei der Didaktik um die Lösung der Probleme der Unterrichtspraxis, um die Frage nach dem „Was?" (Inhalte), dem „Wozu?" (Ziele) und dem „Wie?" (Verfahren).

Der didaktische Anspruch an das Schulfach Sport ist eng gekoppelt an die jeweiligen curricularen Vorgaben der Richtlinien.
Hier ist bundesweit ein eindeutiger Trend weg vom Sportartenprogramm eines reinen Tüchtigkeitssports hin zu

einem mehrperspektivischen Sportverständnis unter individuellen Sinngebungen beobachtbar. Die meisten Richtlinienwerke gehen dabei von einem Bildungs- und Erziehungsauftrag der Schule und damit auch der Fächer aus. Grundlegende Fragen der Gesellschaft (Friedens-, Demokratie-, Umweltfrage usw.) sollen zukünftig über Schlüsselqualifikationen beantwortet und gelöst werden. Fachspezifische Beiträge sind im Sinne eines vernetzten Lernens möglichst auch fächerübergreifend einzubringen. Für das Fach Sport bedeutet das u.a. die Verfolgung der fachspezifischen Kompetenzen:

➢ Wahrnehmungsfähigkeit
➢ motorische, psychische und soziale Kompetenz
➢ Gestaltungsfähigkeit
➢ Gesundheits-, Sicherheits- und Umweltbewusstsein

Auch im didaktischen Anspruch an das Fach Sport spiegelt sich der schulische Doppelauftrag in der Formel „Erziehung **zum** und **durch** Sport" wieder. Die damit verfolgten Ziele können in drei elementare Kompetenzbereiche strukturiert werden, Ich-, Sach- und Sozialkompetenz (vgl. WYDRA, 1999):

➢ Unter **Ich-Kompetenz** versteht man die Fähigkeit, sich selbst als Bestandteil der Welt bewusst wahrnehmen zu können. Ich-Kompetenz bedeutet, dass Kinder einen Zugang zu sich

STREETBALL

selbst, zu ihrem eigenen Körper, zu ihrem eigenen Verhalten und damit auch einen Zugang zur Umwelt erlangen. Die Kinder lernen über Rückmeldungen sich selbst realistisch einzuschätzen und bilden ihr Selbst-Konzept aus. Die Ich-Kompetenz stellt die Grundlage für die anderen Kompetenzen dar.

➤ Unter **Sach-Kompetenz** versteht man die Fähigkeit, sich mit den dinglichen Aspekten der Umwelt auseinander zu setzen.
Das Sammeln von Materialerfahrungen über Beobachtung, Ausprobieren und das Verändern der Umwelt stellt eine Grundlage für die kognitive Entwicklung dar. Über das praktische Lösen von Problemen kommt das Kind zum Verstehen. Erst in einem nächsten Schritt sind Abstraktionen möglich. Diese wiederum stellen die Grundlage für die Antizipation von Problemlösestrategien dar. Intelligentes Verhalten basiert in hohem Maße auf praktisch gewonnenen Erkenntnissen.

➤ Unter **Sozial-Kompetenz** versteht man die Fähigkeit, mit anderen Menschen in Kontakt treten zu können, mit ihnen kommunizieren, interagieren und kooperieren zu können. Gerade in der heutigen Zeit, in der an jeden Menschen vielfältige Rollenerwartungen gestellt werden, stellt die Kindheit und Jugend eine wichtige

aber zugleich auch schwierige Phase dar. Dem Erwerb von Sozial-Kompetenz kommt zusätzlich eine Schlüsselrolle für die Gesundheitsförderung zu.

In vielen sportlichen Situationen steckt ein hohes erzieherisches Potential, wenn Selbsteinschätzung und Selbstwertgefühl sowie Mitwirkung und Mitverantwortung gefragt sind. In den fachlichen Schlüsselqualifikationen, im Wissen und in der Körperwahrnehmung verwirklicht sich ein Erziehungsprozess im Sport. Viele Fachleute behaupten, dass sich dieser auch auf andere Lebensbereiche übertragen lässt.
Über ein vielseitiges Bewegungs-, Spiel- und Sportangebot in der Schule hinaus (Mehrperspektivität) geht es aber auch um die Ausprägung von Bewegungsgewohnheiten und um eine positive Einstellung zum Sport. Gesundheit, Wohlbefinden und freudvolles Erleben sind das Ergebnis einer Erziehung zum Sport. Ein Kennzeichen des modernen Sportunterrichts ist das Nebeneinander verschiedener Angebote. Mehrperspektivischer Sportunterricht deckt eine größere Bandbreite pädagogischer Einflussmöglichkeiten ab. Er ist interessanter als ein Sportunterricht, der nur eine sportpädagogische Perspektive anspricht. Er eröffnet größere Wahlmöglichkeiten.
Zur Handlungsfähigkeit in einer demokratischen und pluralistischen Gesellschaft gehört Wahlfreiheit. Wahlfreiheit kann aber zur Belastung werden, wenn man

nicht gelernt hat, mit Wahlentscheidungen souverän umzugehen. Hier erschließt sich ein weites Anwendungsfeld im Sportunterricht. Wer hier die verschiedenartigen Angebote und dazugehörigen Perspektiven kennen gelernt hat, hat im Freizeitsport bessere Möglichkeiten, sich zu orientieren.

Im Rahmen des allgemeinen Erziehungsauftrags der Schule kann gerade das Bewegungsfach Sport vielfältige Aufgaben erfüllen in den Bereichen[3]:
➤ Gesundheitsförderung
➤ Sicherheitserziehung
➤ Verkehrserziehung
➤ Interkulturelle Erziehung
➤ Umwelterziehung
➤ Ästhetische Erziehung
➤ Medienerziehung

Erzieherische Möglichkeiten im und durch Sport lassen sich gut an einer Schlüsselfrage, nämlich der „Demokratiefrage" als eine der wesentlichen Zukunftsaufgaben, festmachen. Obwohl der Sport formal demokratisch strukturiert ist, zeigen Erscheinungen im Spitzensport (Manipulation von Menschen) und Schulsport (mangelnde Mitbestimmungsmöglichkeiten) erhebliche Defizite. Hier könnten durch Individualisierung, Schülerorientierung und Öffnung des Unterrichts demokratische Formen eingeübt und Missstände (z.B. in den Verhältnissen Sport und Natur, Sport und Gewalt, Sport und Drogen, Sport und Kommerz) erkannt und aufgearbeitet werden.

4. ... pädagogischer Ansprüche: Befähigung zu mündigem und selbstbestimmtem Handeln durch subjektive Erfahrungen im sinngeleiteten und reflektierten Tun

Unter dem pädagogischen Anspruch einer ganzheitlichen Erziehung ist Schule nicht nur für die Köpfe, sondern auch für die Körper, nicht nur für intellektuelle, sondern auch für die motorische Entwicklung verantwortlich. Ziel des Sportunterrichts ist die Vermittlung von Bewegungs-, Gesundheits- und Sozialkompetenz. Die Bewegungs-, Spiel- und Sporterziehung stellt deshalb ein nicht austauschbares Element im schulischen Erziehungs- und Bildungsprozess dar.

Die Lebenswelt der Kinder hat sich in den letzten Jahrzehnten vollkommen verändert. Kinder wachsen relativ behütet in einem nie gekannten Wohlstand auf. Auf der anderen Seite werden Kinder aber auch mit zahlreichen Belastungen konfrontiert, wie Gewalt, Drogen, Bewegungsarmut, Reizüberflutung etc.. Kinder erleben ihre Kindheit heute vorwiegend aus zweiter Hand über die Medien. Selbst in ländlichen Bereichen leben die Kinder heute nicht anders als in den Städten. Authentische Naturerlebnisse werden kaum noch gesammelt. Sinneseindrücke werden reduziert auf optische und akustische Wahrnehmungen, meist in

Form von Reizüberflutung an Bildschirmen. Dagegen werden Geschmacks-, Tast-, Muskel-, Tiefen-, Geruchs- und Hautsinn kaum noch gefordert. „Kindern wird viel erlaubt und wenig untersagt, viel in die Eigenentscheidung übertragen und wenig aufgetragen." (Grössing 1997, 41) Ein Zuviel an Freiheit kann auch zu Überforderungen führen, wodurch Aggressivität entstehen kann. Die Zeit der Kinder ist verplant. Neben dem Schulstress entsteht bei vielen Kindern am Nachmittag der Freizeitstress. Das Leben der Kinder spielt sich an verschiedenen räumlich voneinander weit entfernten Orten ab. Kinder erobern ihre Umwelt nicht mehr mit eigener Kraft und den eigenen Sinnen. (vgl. Wydra, 1999)

Aus dieser Analyse der Lebenswelt entwickelt GRÖSSING vier pädagogische Prinzipien für die Gestaltung des Unterrichts (Grössing 1997, 42f):

> **Prinzip der Vielseitigkeit:** Die Vielfalt der menschlichen Bewegungskultur hat sich im Unterricht zu spiegeln. Sinn-, Situations- und Sozialvielfalt menschlicher Bewegungstätigkeiten sind in exemplarischer und didaktischer Auswahl an den Schüler heranzubringen. „Vielseitige Bewegungserziehung soll verhindern, dass Bewegungskarrieren nicht so verlaufen, dass aus der Vielfalt des bewegungskulturellen Handelns im Kindesalter die Einseitigkeit des Alterssports wird."

> **Prinzip der Mitweltlichkeit:** Hier geht es um eine klare Absage an alle Bewegungsaktivitäten, die ohne Rücksicht auf ökologische Aspekte durchgeführt werden, wie z. B. Skilaufen und Surfen (Gebot der Einfachheit).

> **Prinzip der Regionalität:** Die lokale Bewegungskultur droht aufgrund der kulturellen Globalisierung in Vergessenheit zu geraten und sollte deshalb gepflegt werden.

> **Prinzip der Anstrengung:** Dieses Prinzip wendet sich gegen die Verwöhnungstendenzen, die Spaß ohne Anstrengung versprechen.

Jede pädagogische Bemühung im Rahmen eines verantwortungsvollen Erziehungsprozesses richtet sich auf das Individuum mit seinen besonderen Bedingungen, Fähigkeiten und Motiven. Ein guter Erzieher macht sich zunehmend überflüssig, leitet zur Selbstständigkeit und Mündigkeit an. Erziehung zum Sport, möglichst ein Leben lang, bedeutet demnach, über ein vielfältiges Angebot die Schülerinnen und Schüler zu befähigen, „ihren" Sport zu finden. Grundvoraussetzung dafür sind eine möglichst breit angelegte motorische Kompetenz, Körperwahrnehmungsfähigkeit und eine emotionale Bindung an Bewegung.
Am Beispiel der Körpererfahrung lässt sich die mehrperspektivische, pädagogische Ausrichtung eines Erziehenden Sportunterrichts gut verdeutlichen.

Elementare Körpererfahrungen wie Anstrengung und Ermüdung sind in unserer technisierten Arbeitswelt im Gegensatz zu früheren Zeiten kaum mehr zu erfahren. Im Sport dagegen sind diese Erfahrungen gegenwärtig und bieten Möglichkeiten zu einem veränderten Körper- und Selbstbewusstsein.

Funke (1983, 7f) differenziert verschiedene Möglichkeiten der Umsetzung der Idee der Körpererfahrung im Sportunterricht:

➢ **Sportunterricht als Erfahrung des Körpers:** Viele selbstverständliche Erfahrungen des Körpers können aufgrund der Zurückdrängung des Körperlichen heutzutage nicht mehr gesammelt werden.
Anstrengung, Ermüdung, Erschöpfung, aber auch Erholung und körperliches Wohlbefinden sind meistens nur noch im Sportunterricht vermittel- und erlebbar.

➢ **Körper- und Umwelterfahrung:** In einer medial vermittelten Welt spielt die körperliche Auseinandersetzung mit der realen Umwelt eine immer geringere Rolle. Kinder erleben ihre Umwelt hauptsächlich virtuell und kaum noch mit allen ihren Sinnen. Im Sportunterricht können sie ihren Körper als Mittler zur (Um-)Welt erfahren. Das Schwimmen stellt beispielsweise eine solche körperliche Auseinandersetzung mit Wasser dar.

➢ **Interaktive Körpererfahrung:** Kontakte mit anderen Menschen beim Sich-Berühren, Riechen, gegenseitigen Heben und Tragen, aber auch dem körperlichen Überwinden des Gegenübers oder Überwundenwerdens sind zugleich Erfahrungen über den eigenen Körper.

➢ **Körpererfahrung als Erfahrung in der Darstellung des Körpers:** Hier geht es um die Erfahrungen, die beispielsweise Bodybuilder bei der Präsentation ihrer Trainingsergebnisse sammeln (vgl. Klein 1984). Aber auch Schülerinnen und Schüler präsentieren sich im Sportunterricht in einem anderen Outfit als im normalen Unterricht. So kann für pubertierende Mädchen – und auch Jungen – der koedukative Schwimmunterricht durch den Zwang zur Körperpräsentation zu einer enormen psycho-sozialen Belastung werden.

➢ **Körpererfahrung als Erfahrung der Interpretation der Körpersprache anderer:** Diese nonverbale Kommunikation ist wesentlich für die menschliche Interaktion.

Voraussetzung für eine erfolgreiche Sozialisation im und durch Sport ist die Entwicklung eines positiven Selbstbildes, eines Selbstwertgefühls. Durch sportliche Erfolge wird dieses gerade im Kindes- und Jugendalter stark gefördert. Der Umgang mit Misserfolgen, z.B. bei wiederholtem Versagen vor den Augen aller Mitschüler, ist demnach eine besondere pädagogische Herausforderung für den Lehrer im Schulsport.

Die erzieherisch wünschenswerte Ausprägung eines verantwortungsbewussten Handelns bezieht auch übergeordnete Ziele ein, wie z.B. eine gesunde und umweltbewusste Lebensführung in Verantwortung für den eigenen Körper und für ein umweltschonendes Sporttreiben. Umweltschutz und Gesundheit sind Themen des Sportunterrichts. In der Gesundheitserziehung geht es nicht nur um die Ausbildung von Bewegungsgewohnheiten, die der Gesundheit dienen. Es geht auch um die Entwicklung von Einstellungen zur gesunden Lebensführung und um Erkenntnisse eines gesundheitsfördernden Trainings auf allen Leistungsstufen.

Schulsport muss Wege weisen, beim Sporttreiben einen schonenden Umgang mit der Natur zu erreichen. Dies geschieht gerade auch dadurch, dass die Schülerinnen und Schüler im Sportunterricht Natur erfahren und erleben. Schulsport wird im Rahmen einer schulischen Gesundheitserziehung immer wichtiger. In Anbetracht eines unzureichenden Gesundheitszustandes von Kindern und Jugendlichen[4] und des verbreiteten Medikamenten- und Drogenmissbrauchs muss die Schule mit ihrem Sportunterricht in präventiver Absicht gegensteuern. Sie soll Schülern eine „gesunde" Lebensführung nahe bringen, die biologisch vernünftige Ernährung und angemessene Hygiene ebenso einschließt

wie ausreichendes körperliches Training. Die Fähigkeit zum klärenden Gespräch ist hierfür genauso wichtig wie die gemeinschaftliche Bewältigung von Problemen und Gefahren in einem erlebnisorientierten Schulsport.

Hier greift ein wichtiger Teilaspekt der Gesundheitserziehung, die Erziehung zu einem Sicherheitsbewusstsein im Rahmen sportlicher Aktivitäten. Über Maßnahmen zur Unfallverhütung hinaus geht es um die Vermittlung von Einsichten und Kompetenzen zur Vermeidung von Gefährdungen und unnötigen Risiken, um die Verbindung von

- Sachkompetenz (Erkennen von Gefahren),
- Selbstkompetenz (Risikoabwägung) und
- Sozialkompetenz (Helfen und Sichern).

Soziales Lernen gewinnt vor allem in einer individualisierten und sich weiter differenzierenden Gesellschaft besondere Bedeutung und ist somit auch ein pädagogisches Anliegen.

Schulsport ist ein ergiebiges Feld für soziales Lernen und leistet einen herausragenden Beitrag zur Entwicklung von sozialem Verhalten. Insbesondere im Spiel, das Konflikte hautnah erfahrbar macht, lassen sich Strategien zur Konfliktlösung thematisieren und friedfertiges und faires Verhalten einüben. In vielen Situationen entstehen Lerngelegenheiten zum Umgang mit Regeln, zum organisierten und mit anderen abgestimmten, solidarischen Handeln, zur Achtung von Mit- und Gegenspielern.

Ein besonders wichtiges Persönlichkeitsmerkmal ist die Toleranz gegenüber anderen, deren Meinungen und Haltungen, Werten und Normen. Diese gegenseitige Akzeptanz ist im gemeinsamen Sporttreiben eine wichtige Voraussetzung für das Gelingen von Spiel und Sport in der Gruppe. Im erziehenden Schulsport darf es keinen Raum für Diskriminierung Schwächerer, von Jungen und Mädchen oder Menschen anderer Kulturen geben.

Im gemeinsamen Unterricht mit Ausländern kann die Begegnung mit Sport aus anderen Kulturen zum Verständnis fremder Formen führen. Sie kann helfen, Verständnis füreinander zu gewinnen und Integrationsfähigkeit zu entwickeln.

Der Sportunterricht ist somit ein Beitrag zur Gestaltung der kulturellen Lebensverhältnisse. Angesichts der dramatischen Veränderungen im Sport und auch der damit verbundenen negativen Schlagzeilen – Doping, Kommerzialisierung und Dauerpräsenz einiger weniger Sportarten in den Medien etc. – fragt es sich, wie lange der Sport noch als Inhalt der Bildung von der Öffentlichkeit akzeptiert wird. Pädagogisch bedeutsam ist die Entwicklung einer kritischen Distanz zu Trendsportarten und deren Wertesystemen, zur Kommerzialisierung des Freizeitsports und zu den Auswüchsen des Berufssports in den Medien. Schülerinnen und Schüler sollten lernen, im kommerziellen Angebot an Sportarten- und Modetrends und bei Fitness-Anbietern eine gezielte Auswahl treffen zu können und als kritische Konsumenten sachkompetent ihre Meinung zu vertreten.

STREETBALL

III. Erziehender Sportunterricht – eine Verwirklichung über ...

1. ... die Einsicht der beteiligten Personen

1.1 Sportlehrkräfte

Der Lehrer von heute gleicht „einem Bergführer, der eine Wandergruppe mit Spitzensportlern und Behinderten bei Nebel durch unwegsames Gelände zu führen hat, und zwar so, dass alle bei bester Laune und möglichst gleichzeitig an drei verschiedenen Zielorten ankommen." (Gramer, 1998, 361f). Dieses Zitat veranschaulicht die immer größer werdenden Anforderungen an den Lehrberuf, die durch den Auftrag eines Erziehenden Unterrichts noch gesteigert werden. Die nachfolgenden Überlegungen sollen zeigen, dass ein Engagement für dieses Thema weitreichende Akzeptanz und damit mehr Berufszufriedenheit bewirken kann. Über verstärkte Teamarbeit sind die Zielsetzungen eines pädagogisch akzentuierten Sportunterrichts ohne größeren Mehraufwand zu leisten.

Beratender Lehrer

33

Die entscheidende Größe bei allem, was in der Schule geschieht, ist und bleibt die Lehrkraft mit ihrem Engagement für die gute Sache „Sport und Bewegung". Die vielgescholtenen Lehrerinnen und Lehrer sehen sich in einer Zeit bildungspolitischer Umbrüche und immer neuer Reformvorhaben kaum noch in der Lage, die ihnen gestellten Aufgaben zu bewältigen. Immer mehr Erwartungen und Ansprüche werden an sie gestellt, obwohl sich die Rahmenbedingungen zunehmend verschlechtern. Neben das Unterrichten treten vielseitige Erziehungs- und Beratungsaufgaben, Organisationspflichten, Innovationsansprüche und Fortbildungsdruck. Dies alles geschieht vor dem Hintergrund einer höherer Pflichtstundenzahl, größeren Klassenfrequenzen und z.T. schwierigeren Kindern mit deutlichen Verhaltensauffälligkeiten.

Es wundert daher nicht die Haltung mancher, oft auch überalterter Kollegien, nur noch die unterrichtlichen Pflichten abzudecken und Dienst nach Vorschrift zu leisten. Eine Verweigerung gegenüber allen innovativen Elementen führt allerdings meistens zu noch größerer Alltagsroutine, Frustration und Berufsunlust. Daraus entwickelt sich dann eine zunehmende Unzufriedenheit der Schülerinnen und Schüler, die wiederum ihre negativen Auswirkungen auf die Motivation der Lehrkräfte haben. Im Interesse einer bestmögliche Förderung der Heranwachsenden müssen die Sportpädagogen diesen Teufelskreis durchbrechen und sich, letztlich auch im eigenen Interesse, innovativen Ansätzen öffnen. „Dass wir Entlastung im Schema, in der Routine suchen, ist Teil unserer ökonomischen Natur.

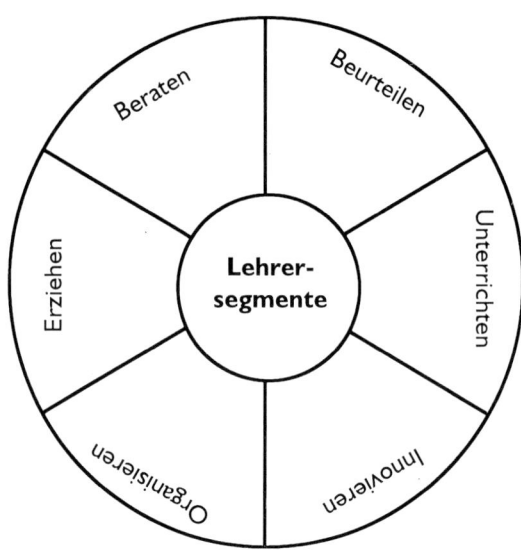

© Verlag an der Ruhr, Postfach 10 22 51, 45422 Mülheim an der Ruhr, www.verlagruhr.de

Wir überwinden diese Trägheit, wo wir durch den Genuss der Abwechslung entschädigt werden." (v. Hentig, 1996, 136).

Die Lehrkraft in ihrer Schlüsselrolle hat entscheidenden Einfluss auf die Verwirklichung eines Erziehenden Sportunterrichts. Dieser soll nicht nur den gesellschaftlichen Ansprüchen genügen.

Er kann auch den Stellenwert des Faches Sport neu definieren im Sinne einer Aufwertung und allgemeinen Akzeptanz. Dazu muss zunächst eine Bereitschaft entwickelt werden, das Rollenklischees eines „Sportartentrainers" zu überwinden. Oft ist der Werdegang einer Sportlehrkraft geprägt vom Leistungssport in einem Sportverein und den leistungsbetonten Inhalten eines Sportstudiums in den tradierten Sportarten. Dazu kommt die Gewöhnung an einen Sportunterricht, der über viele Jahre von Sportartenprogrammen der Richtlinien und sportmotorischen Leistungsnormen der Abiturprüfungen geprägt war.

Stationen beruflicher Sozialisation
– vom Schüler zum Lehrer

Aus: Bielefelder Sportpädagogen: „Methoden im Sportunterricht",
Verlag Karl Hofmann, Schorndorf 1989, S. 208

Da sportliche Leistung aber nur eine der
verschiedenen Sinnrichtungen von Bewegung, Spiel und Sport darstellt, sollte der
Sportlehrer nicht nur Sportarten vermitteln und Training gestalten.

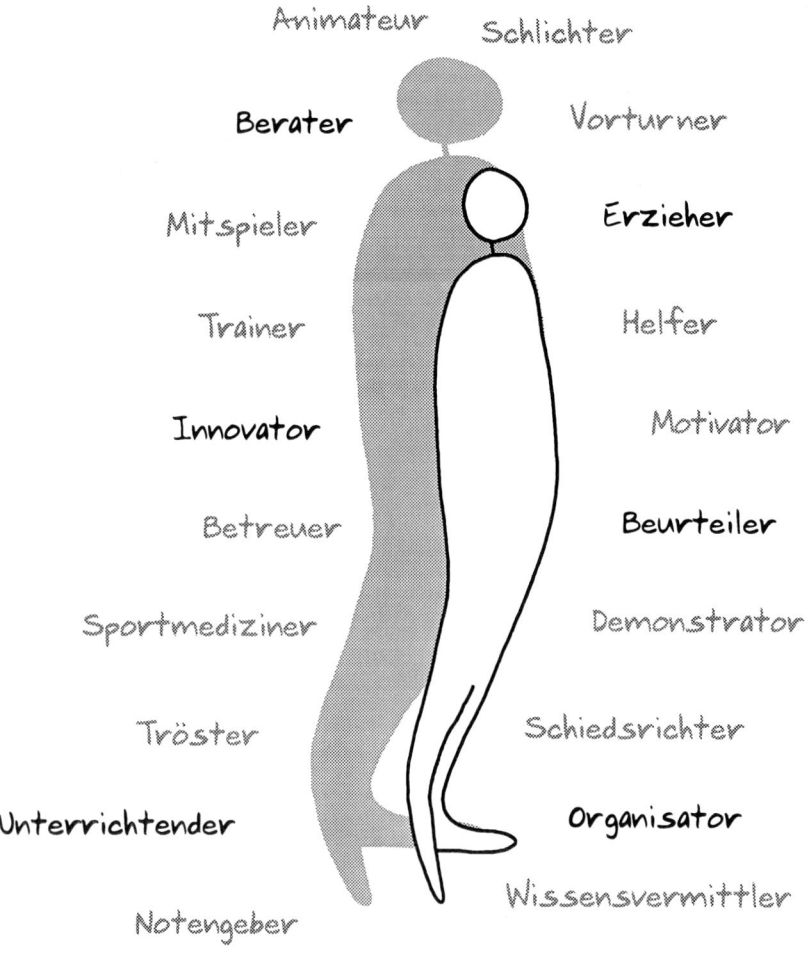

Animateur　Schlichter

Berater　Vorturner

Mitspieler　Erzieher

Trainer　Helfer

Innovator　Motivator

Betreuer　Beurteiler

Sportmediziner　Demonstrator

Tröster　Schiedsrichter

Unterrichtender　Organisator

Notengeber　Wissensvermittler

Wenn neuere Richtlinien in den Bundesländern jetzt andere Akzente setzen, verlangen sie eine deutliche Umorientierung bei den Lehrkräften, besonders auch in der Akzeptanz vielschichtiger Rollenerwartungen:

➢ Die Sportlehrkräfte sollen sich als Pädagogen den Schülerinnen und Schülern zuwenden. Sie sollen deren individuelle Interessen, Erwartungen und Probleme an- und wahrnehmen.

➢ Die Sportlehrkräfte sollen die Sachvermittlung des Kulturgutes Sport nicht überbetonen, sondern sich verstärkt einer Subjekt- und Werteorientierung öffnen.

➢ Die Sportlehrkräfte sollen Bewegungsarmut abbauen und die körperlichen Leistungsschwächen und motorischen Defizite der Kinder beheben (Kompensatorische Erziehung).

➢ Die Sportlehrkräfte sollen aktuellen Trendsportarten im Unterricht Rechnung tragen und sich nachqualifizieren.

➢ Die Sportlehrkräfte sollen den Verhaltensauffälligkeiten der Schülerinnen und Schüler begegnen, Gewaltbereitschaft abbauen und erzieherisch wirksam werden.

Die Liste der Ansprüche ließe sich erweitern und zeigt die hohen Erwartungen an

eine Lehrperson in einer Zeit der Umbrüche. Die Reaktionen der direkt Betroffenen variieren zwischen Verweigerung („Da kann ja jeder kommen") bzw. Verdrängung („Das haben wir doch immer so gemacht") und der Einsicht in die Notwendigkeit von Veränderungen.
Diese betreffen vor allem die Akzeptanz einer pädagogischen Akzentverschiebung, auch und vor allem im Rollenverständnis der Lehrkräfte.
Erziehender Unterricht verlangt weniger den hochqualifizierten Trainer und „Leistungsbolzer", sondern den vielseitigen Helfer und Moderator.
Es muss gelingen, sich vom Druck stofflicher Überfrachtung und einseitiger Leistungsnormen zu befreien.
Systematik, Kontinuität und Geradlinigkeit sind pädagogische Leitlinien, über die sich der Unterricht verbessern lässt.
Die Akzeptanz des Schulfachs Sport wird dadurch bei allen beteiligten Personen (Lehrer, Schüler, Eltern, Schulbürokratie) gesteigert. Über ein vielseitiges Angebot muss und kann gewährleistet werden, dass **alle** Schülerinnen und Schüler (nicht nur die Ballspieler) ihre Interessen verwirklicht sehen.
Sie sollen handlungstragend am Unterricht teilnehmen und sich langfristig dem Sport nicht verschließen.
Es darf nicht darum gehen, den glanzvollen Erscheinungsformen aktueller Sportkulturen in Fitnessstudios, Kletterlandschaften und Powerveranstaltungen nachzueifern.

Mit der Metapher eines Chaospiloten wird die Situation der Sportlehrkräfte anschaulich beschrieben: „Unter Chaos wird umgangssprachlich zunächst etwas Ungeordnetes, vielleicht sogar etwas Bedrohliches verstanden. Ein Pilot ist jemand, dem ein Flugzeug anvertraut wird, damit er es sicher zum Zielort manövriert. Dazu sind Grundfertigkeiten des Navigierens und Steuerns erforderlich. Ein Chaospilot ist demnach jemand, der beim Navigieren durch eine Wirklichkeit behilflich ist, die überwiegend chaotisch erscheint. Sportlehrerinnen und Sportlehrer sind heute schon vielfach solche Chaospiloten, die mitunter erhebliche Schwierigkeiten haben, sich selbst in der neuen Unübersichtlichkeit des Sports und in der Didaktik zu orientieren. Das erfordert immer wieder neues Lernen, das unter anderem auch dadurch möglich wird, dass im Rahmen des Sportunterrichts teilweise mit Schülern gemeinsam der Flug durch die Unübersichtlichkeit gewagt wird, ohne dabei letztlich die Koordinaten aus dem Blick zu verlieren, die durch pädagogische Absichten und den Auftrag der Institution Schule vorgegeben sind."

(aus: Wopp, C.: Auf dem Weg zu einer lernenden Gesellschaft, in: Sportpädagogik I / 2000).

1.2 Schüler und Schülerinnen

Die für die Lehrkräfte formulierte Forderung einer Umorientierung im grundsätzlichen Verständnis dessen, was und wie Schulsport sein sollte, gilt auch für die Schülerinnen und Schüler. Auch sie tragen ein Bild vom Sport, geprägt durch Massenmedien und persönliche Erfahrungen in Schule und Freizeit in sich.

Die Schülerfrage im Rahmen einer Grundschulung Volleyball, wenn selbst Basistechniken noch nicht gekonnt werden, lautet häufig: „Wann spielen wir endlich richtig Volleyball?". Nur selten erfährt man in anderen Schulfächern so extreme Leistungsunterschiede wie im Sport. Hier treffen Vereinssportler und motorisch schwache Anfänger in einer Lerngruppe mit unterschiedlichen Erfahrungen, Fähigkeiten und Interessen aufeinander.

Und dennoch sind fast alle Schülerinnen und Schüler zunächst einmal fixiert auf das bekannte Sportartenlernen. Sinnrichtungen in den Bereichen Körpererfahrung, Bewegungsgestaltung, Kooperation und erst recht Gesundheit sind ihnen als thematische Ausrichtung des Unterrichts weitgehend unbekannt. Zusätzlich ergibt sich in der Schulpraxis häufig das Problem einer einseitigen Meinungsbildung in den Lerngruppen bezüglich der gewünschten Unterrichtsinhalte und -ziele. Die sportstarken Schülerinnen und Schüler stehen in

STREETBALL

den unteren Jahrgängen häufig auf einer hohen Rangstufe im Klassengefüge. Sie majorisieren mit ihren Vorschlägen die anderen und werden dabei nicht selten von den sportiven Lehrkräften unterstützt.

Das Spaßmotiv greift in diesem Zusammenhang meistens für die Leistungsträger, die in ihrer Sportart dominieren. Freude an Sport, Spiel und Bewegung ist aber eine Forderung für alle, auch für die schwächeren Schülerinnen und Schüler, denen Erfolgserlebnisse ermöglicht werden müssen.

Dazu bedarf es einer inhaltlichen Ausdifferenzierung des Angebots über den üblichen Sportartenkanon hinaus durch Erlebnis- und Abenteuersport, Trendsportarten, Tanzen u.a. Behutsame Maßnahmen der Binnendifferenzierung und erreichbare, von den Schülerinnen und Schülern akzeptierte Anforderungen fördern eine positive Grundhaltung zum Sport.

Die Berücksichtigung von Interessenschwerpunkten und die selbstständige Wahl des Anspruchsniveaus (z.B. in Initiativstunden mit Freiarbeit) können die Freude an sportlicher Bewegung noch verstärken.

Im Sinne eines Erziehenden Sportunterrichts müssen also auch die Schüler von der Notwendigkeit und Sinnhaftigkeit einer pädagogischen Ausrichtung des Schulsports überzeugt werden. Bevor ihnen an verschiedenen Beispielen die Attraktivität eines mehrperspektivischen Unterrichts erfahrbar

gemacht werden kann, muss zunächst die grundsätzliche Bereitschaft erzeugt werden, sich auf dieses Vorgehen einzulassen.

Ein Beispiel aus der Unterrichtspraxis einer sehr heterogenen Lerngruppe der Jahrgangsstufe 11 (Schwerpunktsportart Basketball) mag einen grundsätzlichen Weg dahin verdeutlichen.

In der ersten Stunde wurden die Schülerinnen und Schüler mit der folgenden Fragestellung konfrontiert: „Was sollte eurer Meinung nach im Sportunterricht der Oberstufe vermittelt werden? Welche Ziele und Sinnrichtungen sollten wir verfolgen?" Auf Zuruf wurden die Schülermeinungen in Stichworten an der Tafel in der Reihenfolge der Meldungen festgehalten.

Dabei überraschte die erste Meldung bzgl. der Sportartenvermittlung nicht. Erstaunlich war aber die Tatsache, dass hinterher, als die Mitglieder der Lerngruppe ihre persönliche Wertung durch eine Strichliste mit maximal zwei Nennungen an der Tafel vornehmen sollten, dieser Punkt mit nur zwei Votierungen deutlich hinter den anderen zurückblieb.

Schülerwünsche	Gesellschaftliche Vorgaben und Richtlinien

Was sollen Schülerinnen und Schüler im Sportunterricht der gymnasialen Oberstufe lernen?

Reihenfolge der Nennung	Schülerwünsche (max. 2 Wünsche)
1. Sportartenlernen	‖
2. Technik/Taktik verbessern	卌 ‖
3. Spaß an der Bewegung vermitteln	卌 卌 卌
4. Teamgeist und soziale Kompetenz entwickeln	卌 卌
5. Bewusstes Lernen fördern durch Praxis–Theorie–Bezug	卌 卌

Die Auswertung der Ergebnisse dieser Schülerbefragung zeigte deutlich eine Präferenz in den Bereichen 3, 4 und 5. Sie wurde von der großen Mehrheit der Schülerinnen und Schüler auf die Formel gebracht „Mit Spaß gemeinsam erfolgreich Basketball spielen". Unter Hinweis auf das Ergebnis 5 weckte der Lehrer Verständnis für die Notwendigkeit eines differenzierten Regelbewusstseins (Regelvariation) als Voraussetzung für die Integration aller. Anschließend erzielte man Einvernehmen über eine Unterrichtsreihe im Basketball mit den pädagogischen Akzenten Kooperation und Regelbewusstsein zum Thema: „Miteinander-spielen-können: Von Kleinen Spielen über Basketballvariationen zum Streetball".

Neben punktueller Überzeugungsarbeit muss vor allem langfristig darauf hingearbeitet werden, dass Sportunterricht in den Augen der Schülerinnen und Schüler trotz der Andersartigkeit ein „normales" Schulfach mit denselben verbindlichen Grundsätzen ist.
Der „Ernstcharakter" des Schulfaches Sport sollte durch eine konsequente Einforderung der obligatorischen Rahmenvorgaben sichergestellt werden.
Dazu gehören z.B. regelmäßige Teilnahme, Pünktlichkeit und Vollständigkeit der Sportkleidung, zum anderen sollten klare Anforderungen an das Engagement aller, auch über den Unterricht hinaus durch vorbereitende und nachbereitende Hausaufgaben, eingefordert werden.

STREETBALL

1.3 Partner

Bei der Berücksichtigung der so genannten anthropogenen Unterrichtsvoraussetzungen dürfen, insbesondere im Zusammenhang mit Erziehungsfragen, weitere Personen(gruppen) nicht unberücksichtigt bleiben.

Da sind zunächst die Eltern, die es als Verbündete zu gewinnen gilt. In einer Zeit besonderer Belastung (Doppelverdiener, Alleinerziehende) werden Eltern grundsätzlich begrüßen, wenn die Schule ihnen bei der Erziehungsarbeit hilft. Mit einer pädagogischen Schwerpunktsetzung des Sportunterrichts, z.B. in der Thematisierung von Verhaltensauffälligkeiten, Kooperationsfähigkeit, Abbau von Aggression wird man den Beifall der Eltern erreichen. Gesundheitserzieherische Themen (z.B. „Ausgleich von Haltungsschwächen", „Richtiges Sitzen, Heben und Tragen") können die allgemeine Akzeptanz des Faches Sport erhöhen. Es muss aber in der Elternarbeit deutlich gemacht werden, dass erzieherische Bemühungen nur dann Erfolg haben, wenn Schule und Elternhaus zusammenarbeiten und „an einem Strang ziehen". Das beginnt bei der Frage der Akzeptanz und Wertigkeit des Sports als Schulfach. Eltern dürfen nicht widerspruchslos die häufigen Unterrichtskürzungen im einzigen Bewegungsfach hinnehmen. Das gilt weiterhin für die Pünktlichkeit und die regelmäßige Teilnahme am Sportunterricht, insbesondere in Nachmittagsstunden. Es gilt auch bei Fragen der angemessenen Sportkleidung und im hygienischen Bereich. Hier müssen die Eltern die erzieherischen Bemühungen der Lehrkräfte voll unterstützen, weil sonst alle Maßnahmen ins Leere laufen.

Im Idealfall würde man die Eltern als sportliche Partner an unterrichtlichen und außerunterrichtlichen Aktionen (z.B. Lauftreffs) beteiligen und sie einbinden bei dem Bemühen, Sport für die ganze Familie zur Gewohnheit werden zu lassen.

Verbündete für die „gute Sache Sport" gilt es auch unter den Personen zu suchen, die das Schulleben entscheidend gestalten. Das ist zunächst die Schulleitung, die von der erzieherischen, kompensatorischen und gesundheitsbedeutsamen Funktion des Schulsports überzeugt werden muss. Besondere Chancen einer positiven Außenwirkung des Sports für die Schule (Sportfeste, Skikurse, Wettkampfmannschaften, Fitnessgruppen) sollten bewusst gemacht werden. So wird der Sportunterricht an der Schule aufgewertet und, insbesondere unter Mitwirkung der Eltern, eine vorrangige Kürzung vermieden. In gleicher Weise gilt es auch, Klassenlehrer, Jahrgangsstufenleiter und andere Funktionsträger für Aktionen des Schulsports zu gewinnen. Nur über die Integration kann dem verächtlichen Blick auf das „Exotenfach" Sport entgegengearbeitet werden. Selbst Sekretärinnen und Hausmeister, die oft als „graue Eminenzen" entscheidend Einfluss nehmen, können zum Gelingen einer besonderen Maßnahme beitragen.

Hier muss immer wieder Überzeugungsarbeit geleistet werden, auch im Interesse einer Imagepflege für das Fach Sport. Ganz entscheidend aber ist die Geschlossenheit der Fachschaft Sport, wenn es um die Umsetzung erzieherischer Bemühungen im und durch Sport geht. Erfolgreiche Erziehung kann nur da gelingen, wo **alle** Schülerinnen und Schüler bei **allen** Lehrkräften gleiche Bedingungen vorfinden. Das gilt insbesondere für Disziplinfragen und Benotungsgrundsätze. Das gilt aber auch für unterrichtliche Schwerpunktsetzungen (Inhalte und Ziele) und selbst für Fragen der Theorieanteile und für Hausaufgaben. Hier haben es „Einzelkämpfer" unter den engagierten Lehrkräften immer sehr schwer.

Es ist erstaunlich festzustellen, wie viel für den Sport an einer Schule erreicht werden kann, wenn die Fachschaft **geschlossen** im Kollegium oder gegenüber der Schulleitung für ihr Fach eintritt.

2. ... die Schaffung günstiger Voraussetzungen

2.1 Institutionelle Rahmenvorgaben

Erziehender Sportunterricht ist weitgehend abhängig von Rahmenvorgaben, die eine Umsetzung begünstigen können, gelegentlich aber auch Hindernisse darstellen. Rahmenvorgaben als verbindliche **Richtlinien und Lehrpläne** fordern über den Doppelauftrag der Schule auch erzieherisches Bemühen und legitimieren somit einen pädagogisch aufbereiteten Unterricht. Grundsätzlich geht die Tendenz dahin, auf Schlüsselprobleme unserer Zeit (z.B. Friedensfrage, Umweltproblematik, Zwischenmenschliche Verantwortung) Antworten zu finden, die durch fachspezifisches Wissen allein nicht gegeben werden können. Die Lehrplanarbeit widmet sich daher vor allem den Fragen einer Auswahl lebensbedeutsamer Probleme und Themen. Sie will Schule als einen Lebensraum gestalten für soziale, emotionale und ökologische Orientierung auf der Basis eines ganzheitlichen Erziehungsverständnisses. In den Curricula der meisten Bundesländer geht es daher um einen Beitrag zur Entwicklung von Schlüsselqualifikationen zur Lebensbewältigung in einer pluralistischen Gesellschaft. Dies wird deutlich in Begriffen wie *Mündigkeit, Lern- und Konzentrationsfähigkeit, Problemlösefähigkeit, Kritikbereitschaft und -fähigkeit, Kreativität, Wahrnehmungs- und Gestaltungsfähigkeit,*

STREETBALL

Kooperationsbereitschaft, Empathie usw. Hier wird deutlich, welch grundsätzliche Lebenserfahrungen gerade im und durch Sport ermöglicht werden können. Ein an pädagogischen Perspektiven ausgerichteter Sportunterricht betont die Ganzheitlichkeit von Leben und Lernen. So kann er im fächerverbindenden Unterricht wichtigen Erziehungsansprüchen voll gerecht werden.

Das gilt insbesondere für Schulprogramme mit erzieherischen Schwerpunkten. Hier kann der Sport als Bewegungsfach einen unverwechselbaren Beitrag leisten, z.B.

➢ **Gesundheitserziehung:**
   Bewegte Schule, Bewegungspausen, Haltungsschule, „Die fitte Schulklasse", Körperbewusstsein, Hygiene u. Ernährung usw.

➢ **Sicherheitserziehung:**
   Koordinationsschulung, „Das Fahrrad als Sportgerät", Pausenhofgestaltung (Pausensport) usw.

➢ **Umwelterziehung:**
   Umwelterfahrungen, Verantwortung und Handeln, z.B. Sanfter Natursport (Skilauf, Paddeln, Skaten usw.), Umweltsensibles Laufen (Sinnesschulung, Orientierungslauf usw.)

➢ **Sozialerziehung:**
   Kooperation, Konfliktlösungsstrategien, Mitwirkung und Mitverantwortung, Toleranz gegenüber fremden Körper- und Bewegungskulturen.

Erziehungsprozesse als bewusste Handlungen verlangen Systematik und Kontinuität. Somit kommt der Koordination unterrichtlicher Inhalte und Zielsetzungen durch die Fachkonferenzen eine besondere Bedeutung zu. Es müssen **schulinterne Rahmenvereinbarungen** getroffen werden, deren konsequente Einhaltung über Selbstverpflichtung und eventuell interne Kontrolle sicherzustellen ist. Als Beispiel wären hier die Absprachen bezüglich Leistungskontrolle (auch schriftliche Tests!) und -bewertung, Hausaufgaben und Sanktionen bei unentschuldigtem Fehlen und bei Verspätungen zu nennen.

2.2 Äußere Bedingungen

Zu den Rahmenvorgaben eines Erziehenden Sportunterrichts gehören letztlich auch organisatorische, räumliche und mediale Voraussetzungen.
Erziehung wird über den Kopf „gesteuert" und bedarf daher kognitiver Elemente im Unterricht, deren Vermittlung oft an sächliche Bedingungen gekoppelt sind. Die Ausstattung der Sportstätten mit Medien zur Veranschaulichung bestimmter Unterrichtsziele dürfte ein geringes Problem darstellen. Allerdings sind in vielen Turnhallen nicht einmal Tafel bzw. Overheadprojektor vorhanden. Gerade die Visualisierung über Folien, die leicht herzustellen, einfach zu handhaben und vielseitig einzusetzen sind, stellt eine idealtypische Form der Präsentation von

Informationen, Schülerarbeiten und Ergebnissen dar. Die Nutzung nahegelegener Räume für Theorie- und Entspannungsphasen, für differenziertes Arbeiten usw. ist wohl eher die Ausnahme. Selbsterziehung bedeutet ein höheres Maß an Selbsttätigkeit und Eigenverantwortlichkeit der Schüler im Unterricht. Die Voraussetzungen dafür liegen u.a. im sächlichen Bedarf, wenn Schüler sich informieren sollen über allgemeine Fachliteratur, Schülerbücher, Internet usw. Es geht aber auch um die Nutzung vielseitiger Materialien, Sportgeräte und Räumlichkeiten. Diese müssen in der Schule vorhanden sein, wenn Unterricht stärker individualisiert und differenziert werden soll. Auch für außerunterrichtliche Angebote müssen Räume (Sportstätten, Schulhof), Materialien (Spielekiste für Pausensport) und Personen (Leiter für Sport-AG's) zur Verfügung stehen. Besonders schwierig erscheint unter den aktuellen Unterrichtsbedingungen der meisten Schulen die Verwirklichung eines fächerverbindenden, projektorientierten Unterrichts, solange das System Schule den Wissensstoff in unterschiedliche Fächer verpackt und den Zeitrhythmus für Lernen in 45-min-Einheiten festlegt. Hier müssen alle organisatorischen Möglichkeiten genutzt werden, um vernetztes Lernen und fächerverbindende Erziehung verwirklichen zu können. Maßnahmen sind z.B. die Blockbildung in Randstunden und am Nachmittag, eine Parallelführung bestimmter Lerngruppen im Stundenplan, das Einrichtungen von Projekttagen und Freiarbeitsphasen usw.

3. ... eine mehrperspektivische Unterrichtsplanung

3.1 Grundlagen/Beispiele

Die bereits oben erwähnten Grundpfeiler erziehenden Unterrichts, Systematik und Kontinuität, verlangen von den Lehrkräften gründliche und zielgerichtete Planungsarbeit.

Unter der grundsätzlichen Fragestellung „Wer soll was, wozu, wie lernen?" können die Planungsüberlegungen grundsätzlich von zwei verschiedenen Positionen aus erfolgen. Der **fundamentale Ansatz** geht von einer Sinnrichtung des Sporttreibens, einer pädagogischen Perspektive, aus. Er fragt nach möglichen Inhalten (Bewegungsfeldern, Sportarten), mit denen diese übergeordneten Ziele am besten verwirklicht werden können **(Wozu – Was?)**. Der **pragmatische Ansatz** verfolgt den umgekehrten Weg **(Was – Wozu?)**, indem die Frage aufgeworfen wird, welche pädagogischen Zielsetzungen z.B. anhand einer Sportart oder der motorischen Grundtätigkeit Laufen verfolgt werden können.

Zwei Beispiele sollen diese grundsätzlichen Planungszugriffe verdeutlichen. In dem oben erwähnten Grundkurs einer Jahrgangsstufe 11 ergab sich aus der Schülerbefragung und aus einer sehr heterogenen Leistungsstruktur der pädagogische Ansatz, leistungsschwächere

44

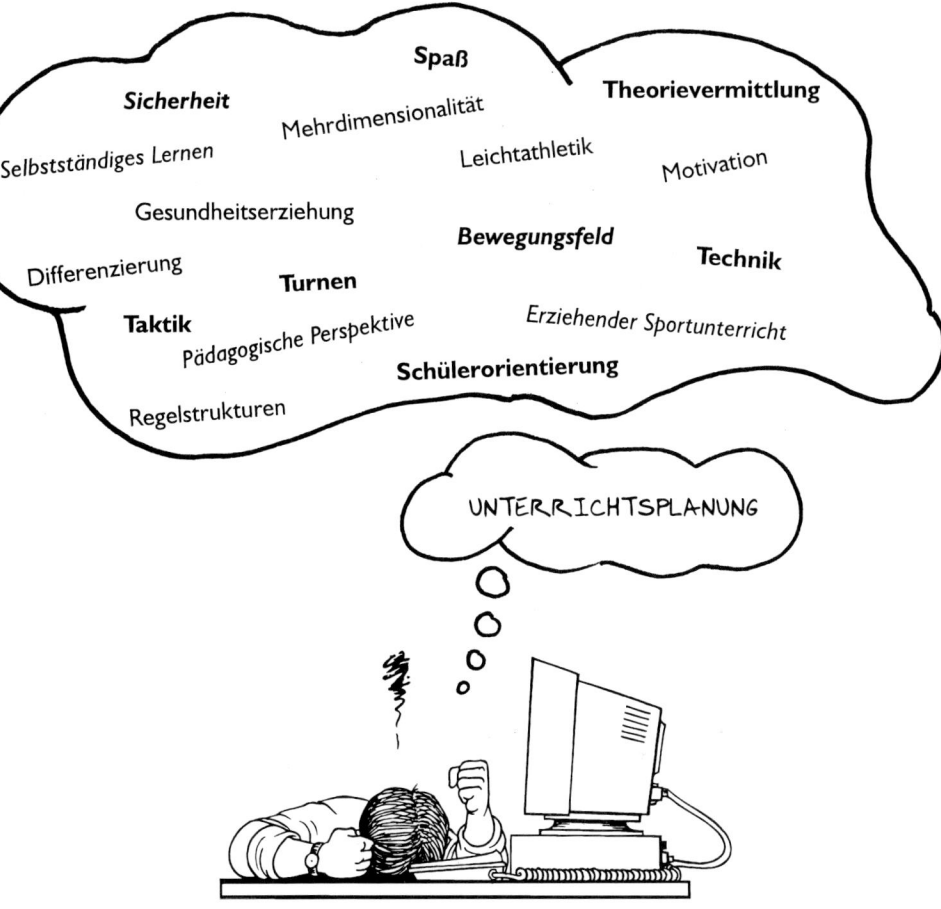

Schülerinnen und Schüler in das Sport-
geschehen zu integrieren. Gemeinsam
wurde die pädagogische Zielrichtung des
Kooperierens, des Miteinander-spielen-
Könnens vereinbart. Die Überlegungen,
mit welchen Inhalten dieses Ziel gut erreicht werden könnte, führten schnell
zum Sportspiel Basketball. Dies nicht nur,
weil es inhaltlicher Schwerpunkt des Kur-
ses war, sondern weil es als „körperloses"
Spiel gut in einer gemischtgeschlechtlichen
Lerngruppe gespielt werden kann. Der
große Leistungsunterschied zwischen den
Schülerexperten (Vereinsspieler) und An-
fängern war ein weiteres entscheidendes
Argument für die Akzentsetzung. Das
nachfolgende Schema verdeutlicht die Pla-
nungsschritte in einem ersten Zugriff:

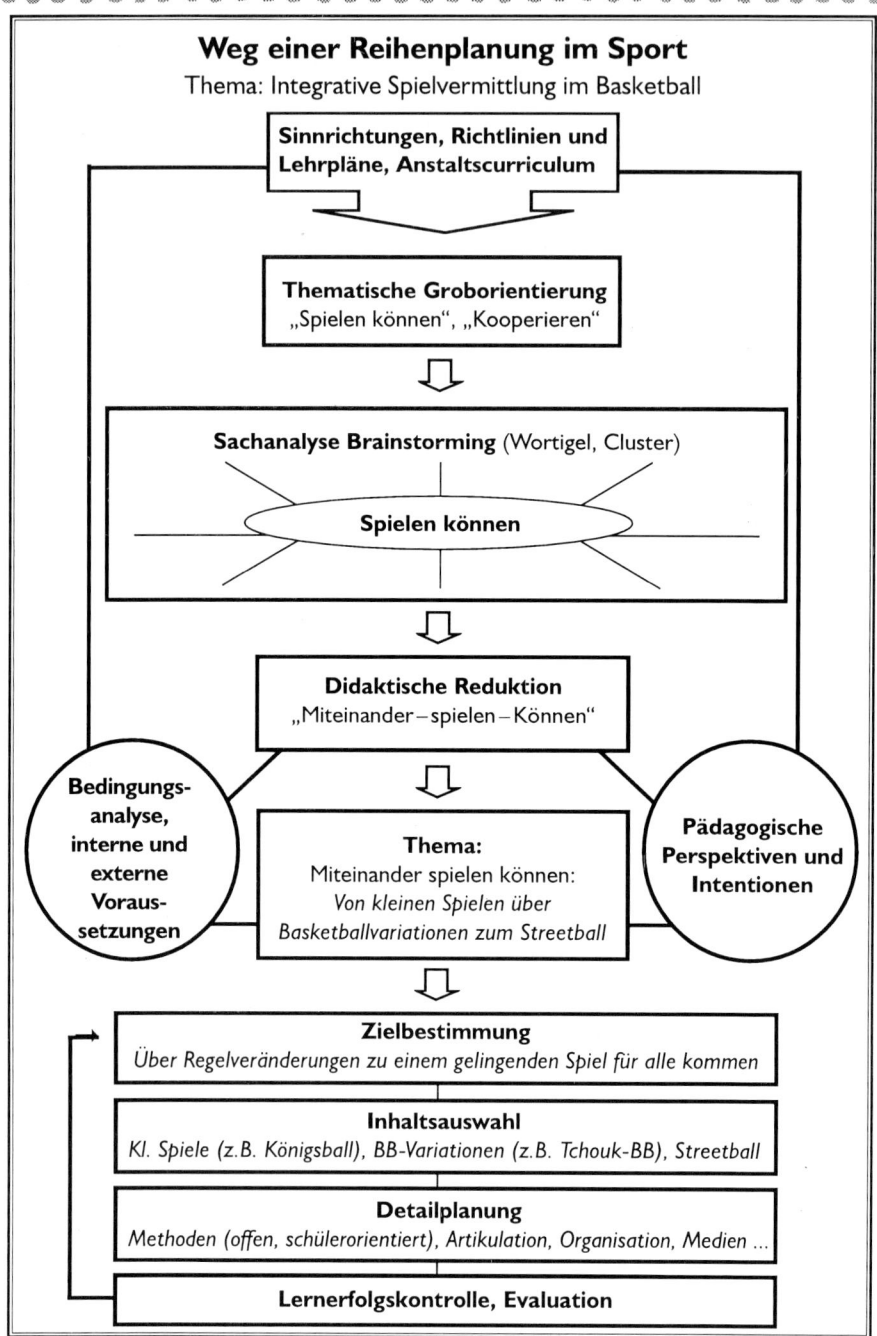

Weg einer Reihenplanung im Sport
Thema: Integrative Spielvermittlung im Basketball

Sinnrichtungen, Richtlinien und Lehrpläne, Anstaltscurriculum

Thematische Groborientierung
„Spielen können", „Kooperieren"

Sachanalyse Brainstorming (Wortigel, Cluster)

Spielen können

Didaktische Reduktion
„Miteinander – spielen – Können"

Bedingungs-analyse, interne und externe Voraus-setzungen

Thema:
Miteinander spielen können:
Von kleinen Spielen über Basketballvariationen zum Streetball

Pädagogische Perspektiven und Intentionen

Zielbestimmung
Über Regelveränderungen zu einem gelingenden Spiel für alle kommen

Inhaltsauswahl
Kl. Spiele (z.B. Königsball), BB-Variationen (z.B. Tchouk-BB), Streetball

Detailplanung
Methoden (offen, schülerorientiert), Artikulation, Organisation, Medien ...

Lernerfolgskontrolle, Evaluation

STREETBALL

In einer Phase der Sachanalyse wurden
zu diesem Begriff im Sinne eines Brainstorming verschieden Facetten an einem
Wortigel festgemacht:

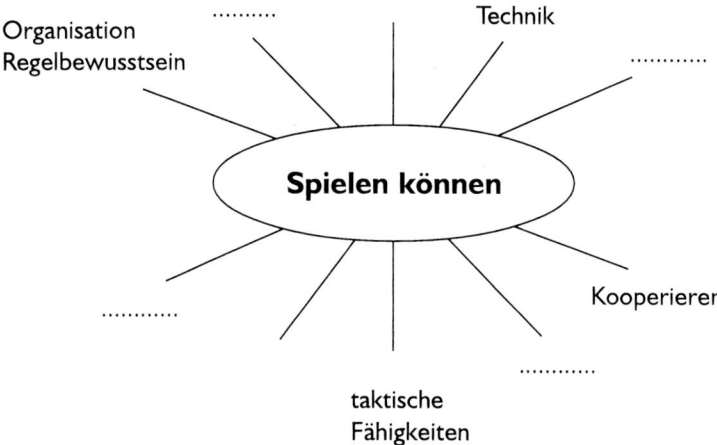

Eine didaktische Reduktion auf die für
diese Unterrichtsreihe wesentlichen Elemente ergab den Schwerpunkt des „Mit-
einander-spielen-Könnens" unter dem
besonderen Aspekt der Integration lei-
stungsschwächerer Schülerinnen und
Schüler. Reihenthema und -ziel führten
dann zu einer systematischen Themen-
folge (thematischer Zusammenhang) mit
Inhaltswahl und Methodenentschei-
dungen, die in der jeweiligen Detailplanung ausdifferenziert wurden.[5]
Eine alternative Zugriffsmöglichkeit als
pragmatischer Ansatz lässt sich gut am

Beispiel der Grundtätigkeit Laufen verdeutlichen. Nach der Inhalts-
entscheidung stellt sich die Frage, welche bedeutsamen Zielsetzungen,
insbesondere unter dem Aspekt einer
Erziehung im und durch Sport, mit diesem Unterrichtsgegenstand verfolgt
werden können.
Wenn Laufen mehr ist als eine leichtath-
letische Disziplin, bei der es vornehmlich
darauf ankommt, möglichst schnell vom
Ort A nach Ort B zu kommen, eröffnen
sich unterrichtlich mehrperspektivische
Zugriffsmöglichkeiten:

entspannt und gesellig laufen	z.B. Laufen und Reden (Rategeschichten)
körpersensibel laufen	z.B. Körpersignale beachten, Laufrhythmus finden und einhalten
umweltsensibel laufen	z.B. Sinnesrunden, Laufen bei unterschiedlichem Wetter
partner- und gruppensensibel laufen	z.B. Blindenführen, An- u. Abhängestaffeln
kreativ und ideenreich laufen	z.B. Zeitschätzläufe, Handicapläufe, vier Läufer und ein Fahrrad
rhythmisch und gestalterisch laufen	z.B. Laufen nach Musik

Mit diesem Katalog, der sich beliebig ergänzen ließe, verbinden sich pädagogische Leitideen, die im Rahmen eines erzieherischen Sportunterrichts unterschiedliche Betonung erfahren.
Je nach Zielsetzung und Sinnrichtungen lassen sich leicht Unterrichtsinhalte ableiten:

> das **Miteinander** im geselligen Laufen in der Gruppe,

> den **Eindruck** bei der Erfahrung und Reflexion unterschiedlicher Körper- und Sinneseindrücke, oder dem körperlichen **Ausdruck** in der Bewegungsgestaltung nach Musik,

> die **Gesundheit** unter den Aspekten Fitness und Wohlbefinden,

> die **Leistung** unter den Gesichtspunkten des schnellen bzw. ausdauernden Laufens.

48

STREETBALL

Die nachfolgende Grafik soll noch einmal verdeutlichen, dass im Zentrum des pragmatischen Zugriffs ein Unterrichtsgegenstand steht, der entsprechend einer pädagogischen Zielsetzung ausdifferenziert wird (s. Planungsraster vorherige Seite).

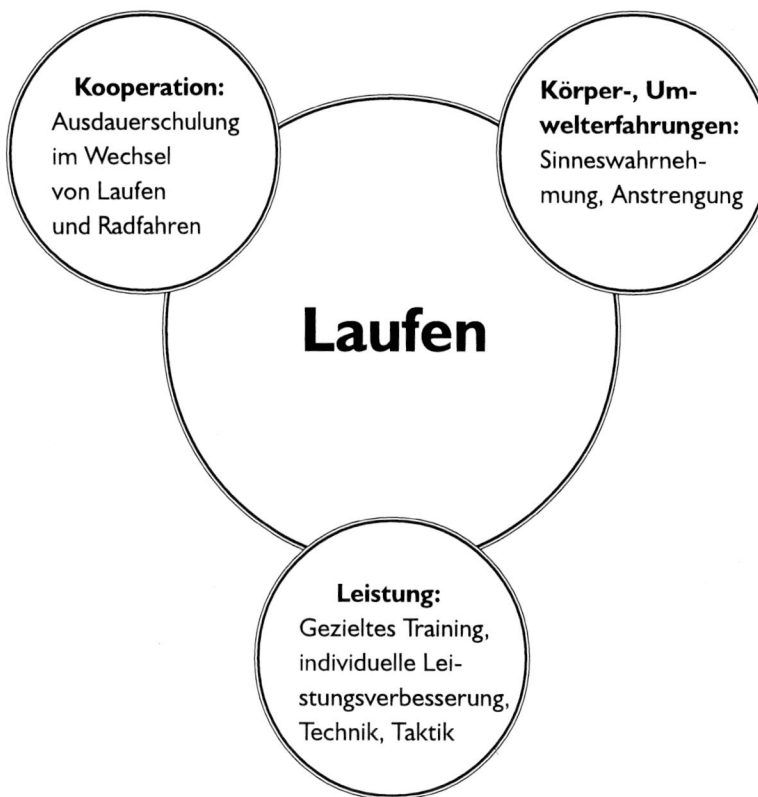

Kooperation:
Ausdauerschulung
im Wechsel
von Laufen
und Radfahren

Körper-, Umwelterfahrungen:
Sinneswahrnehmung, Anstrengung

Laufen

Leistung:
Gezieltes Training,
individuelle Leistungsverbesserung,
Technik, Taktik

3.2 Inhalte

Es ist nahezu unmöglich, Inhalte bzw. Gegenstände des (Sport-) Unterrichts aus sich selbst heraus zu begründen. Keine sportliche Übung ist unverzichtbar. Inhalte rechtfertigen sich aus den Zielen heraus, sind Mittel zum Zweck, dienen der Vermittlung von Fähigkeiten und Qualifikationen.

Die Planungsfrage nach dem „Was?" des Unterrichts bezieht sich aus erzieherischer Sicht auf ein erweitertes Verständnis möglicher Unterrichtsinhalte.

Unter Beachtung der Ganzheitlichkeit (motorische, kognitive und soziale Dimension) werden unterschiedliche Sinngebungen ermöglicht.

Anknüpfend an die Erfahrungswelt der Kinder und Jugendlichen und unter dem Aspekt einer gezielten Entwicklungsförderung müssen Unterrichtsgegenstände so ausgesucht werden, dass sie gegenwärtige und künftige außerschulische Bedeutung für die Schülerinnen und Schüler erschließen. Hier bietet sich eine Verbindung von „alten" und „neuen" Inhalten an.

Der Rückgriff auf „alte", d.h. bekannte, erprobte und z.T. auch beliebte Inhalte des Sportunterrichts ist in mehrfacher Hinsicht sinnvoll.

So werden vorhandene Infrastrukturen genutzt (Sportstätten, Turngeräte, Medien). Zudem ist der Wiedererkennungswert bei allen Beteiligten hoch und die Möglichkeiten eines normativen Anspruchs an den Schulsport sind gewährleistet.

Auf der einen Seite macht es einen erzieherischen Sinn, sich mit genormten Bewegungen auseinander zu setzen: den Handstand als ein Kunststück mit der besonderen Position „Kopf unten" systematisch und mit Beharrlichkeit zu erlernen, Mut aufzubringen bei der Hocke über den Bock und sich dabei der Hilfe des Partners anzuvertrauen.

Wichtig erscheint es aber auf der anderen Seite, Kompetenzen für einen flexiblen, individuell angepassten Umgang mit genormten Inhalten aufzubauen.

Am Beispiel Turnen lässt sich gut verdeutlichen, wie über alternative Formen des „Miteinander-Turnens" oder „Freien Turnens" mehrperspektivisches Unterrichten unter verschiedenen Sinnperspektiven möglich wird.

Hier geht es um kreative Formen durch „neue" Gerätearrangements, kooperatives Turnen in Gruppen und rhythmische Gestaltungsformen. Es sind Ansätze, in denen sich Schülerinnen und Schüler mit weniger guten Voraussetzungen oder Abneigung gegen traditionelle Pflichtübungen durchaus wiederfinden.

STREETBALL

Miteinander turnen

Über die gezielte Aufnahme und Veränderung tradierter Inhalte hinaus geht es in einem erziehenden Sportunterricht auch ganz entscheidend um die inhaltliche Verbindung zum außerschulischen Sport.

Im Sinne einer Zukunftsbedeutung müssen diejenigen Sportarten und Bewegungsfelder unterrichtlich angeboten und aufgearbeitet werden, die die Bewegungskultur der Kinder und Jugendlichen in der Freizeit bestimmen. Hierzu gehören Trendsportarten (z.B. Inlineskating), Risiko- (z.B. Klettern) und Fitnesssport (z.B. Step-Aerobic), expressives Bewegen (z.B. Discotänze) und meditative Bewegungskulturen (z.B. Tai-Chi).

Entscheidender Gesichtspunkt bei der Auswahl der Unterrichtsinhalte, möglichst auch unter Mitwirkung der Schülerinnen und Schüler, ist der mehrperspektivische Zugriff. Er ermöglicht, persönliche Sinngebungen unter den Merkmalen Individualität, Attraktivität und Emotionalität zu entwickeln. (Die neuen Richtlinien und Lehrpläne in NRW tragen diesen grundsätzlichen Überlegungen Rechnung, indem sie keine verbindlichen Lehrplaninhalte vorsehen. Ein obligatorischer Sportartenkanon wäre pädagogisch kaum zu legitimieren.) Die nachfolgende Übersicht verdeutlicht die Vernetzung vielfältiger und vielschichtiger Inhaltsbereiche mit einer potentiellen Öffnung für künftige Entwicklungen.

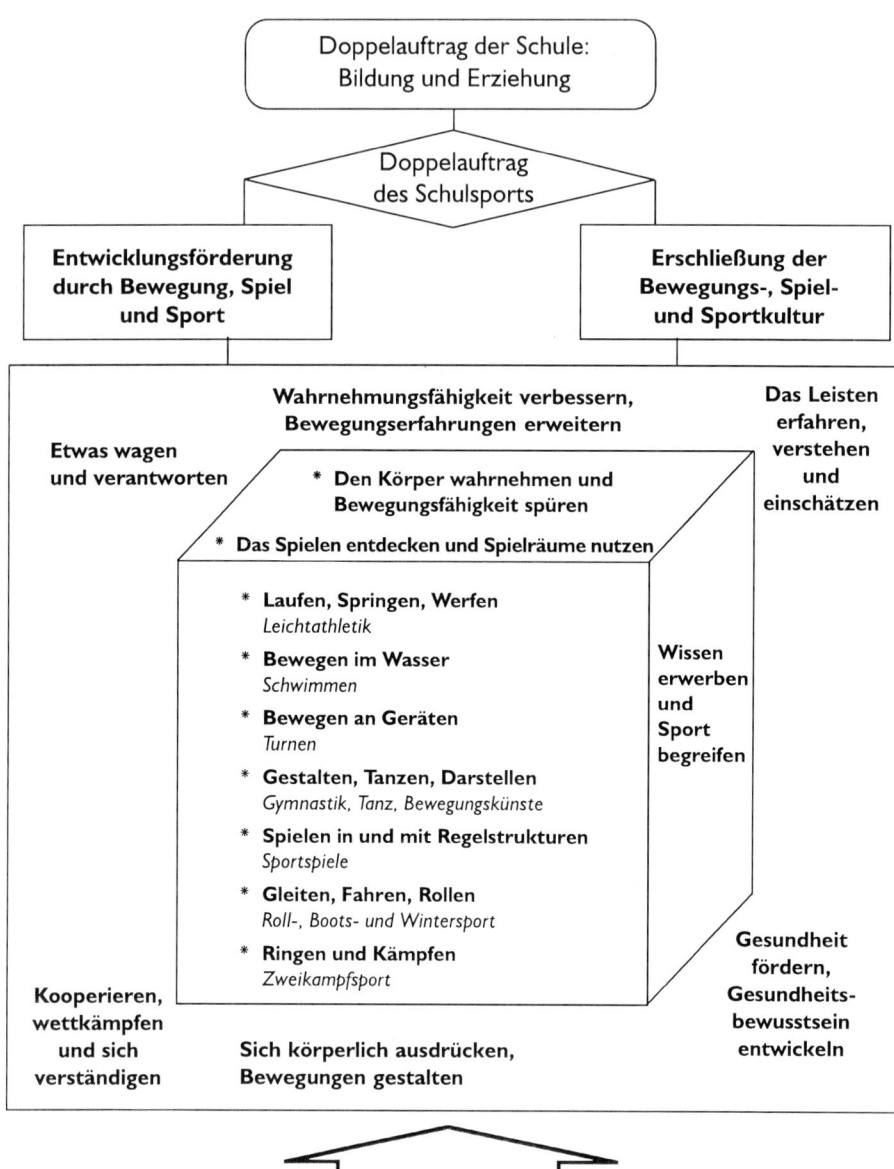

Doppelauftrag der Schule:
Bildung und Erziehung

Doppelauftrag
des Schulsports

**Entwicklungsförderung
durch Bewegung, Spiel
und Sport**

**Erschließung der
Bewegungs-, Spiel-
und Sportkultur**

**Wahrnehmungsfähigkeit verbessern,
Bewegungserfahrungen erweitern**

Etwas wagen
und verantworten

* **Den Körper wahrnehmen und
Bewegungsfähigkeit spüren**

* **Das Spielen entdecken und Spielräume nutzen**

Das Leisten
erfahren,
verstehen
und
einschätzen

* **Laufen, Springen, Werfen**
Leichtathletik

* **Bewegen im Wasser**
Schwimmen

* **Bewegen an Geräten**
Turnen

* **Gestalten, Tanzen, Darstellen**
Gymnastik, Tanz, Bewegungskünste

* **Spielen in und mit Regelstrukturen**
Sportspiele

* **Gleiten, Fahren, Rollen**
Roll-, Boots- und Wintersport

* **Ringen und Kämpfen**
Zweikampfsport

**Wissen
erwerben
und
Sport
begreifen**

Kooperieren,
wettkämpfen
und sich
verständigen

**Sich körperlich ausdrücken,
Bewegungen gestalten**

**Gesundheit
fördern,
Gesundheits-
bewusstsein
entwickeln**

**Prinzipien eines erziehenden Unterrichts:
Reflexion, Verständigung, Mehrperspektivität,
Erfahrungs- und Handlungsorientierung, Wertorientierung**

52
STREETBALL

3.3 Methoden

Erziehender Unterricht „wird durch problemlösende Lernformen begünstigt, die es im pädagogischen Spannungsfeld von Vermittlung und Aneignung zu realisieren gilt (Saß, 1997, S. 236)".

Die Methode als ein Weg zu einem Ziel (griechisch „methodos") oder die Art und Weise der Vermittlung eines Inhalts ist im traditionellen Sportunterricht fast immer das Monopol der Lehrkraft. Die Methode beschreibt den effektiven Weg zum Erreichen eines (zumeist motorischen) Ziels. Aus der ihr eigenen Logik und der Sachstruktur eines Gegenstands ergibt sich ein geradliniger Weg über Bewegungsanweisungen und -demonstrationen und über methodische Reihen. Dieses „durchgreifende Lehren" (Funke-Wieneke,1995, S. 11), auch bekannt unter dem Begriff **„deduktive Methode"**, legt ohne Blick auf den Lernenden fest, wie man am „einfachsten" zum Ziel gelangt. Dadurch werden persönliche Lernchancen und -erfahrungen ausgegrenzt und der wechselseitige Bezug von Zielen, Inhalten und Methoden nicht genügend berücksichtigt. Ein Lernweg kann als Zwang empfunden werden, wenn er nicht den eigenen Wünschen, Fähigkeiten und Zielen entspricht.

Diese „normgeleitete" Methode nach dem sensomotorischen Lernmodell ist gekennzeichnet durch Bewegungsanweisungen und Demonstrationen.

Ihr wird die „normsuchende", die **induktive Methode** (entsprechend dem Lernen nach Versuch und Irrtum) gegenübergestellt mit dem zentralen Begriff der Bewegungsaufgabe. Durch das Erproben und Suchen nach geeigneten Lösungen werden hier Selbsttätigkeit und Selbstständigkeit der Schülerinnen und Schüler gefördert.

Besondere pädagogische Möglichkeiten ergeben sich aus der **problemorientierten Methode** durch ein einsichtiges Lernen. Hier steht am Anfang des Lernprozesses ein (Bewegungs-)Problem, das die Lernenden selbstständig und einsichtig lösen. Der Lehrer als fachkompetenter Helfer verhindert in der Regel deutliche Irrwege .

Ein praxisnahes Beispiel zur Vermittlung des Positionswurfs im Basketball soll die unterschiedlichen methodischen Ansätze verdeutlichen.

Einführung des Positionswurfs im Basketball

Deduktives Verfahren (sensomotorisches Lernmodell)	Induktives Verfahren (Versuch und Irrtum)	Problemorientiertes Verfahren (Einsichtiges Lernen)
1. Einstieg: • Allgemeines Aufwärmen • Umkehrstaffeln mit Korbwürfen (Defizite, Frust, Lernwunsch)	**1. Vorbereitende Übungen** Koordinationsschulung mit Basketbällen (besonders Differenzierungsfähigkeit)	**1. Schaffung von Lernvoraussetzungen** Dribbeln, Stoppen, Passen, Fangen
2. Bewegungsvorstellung • Realdemonstration und/oder Bewegungsanweisung • Funktionsanalyse einer Bewegungsskizze bzw. Bildreihe	**2. Bewegungsaufgabe** „Trefft möglichst schnell einmal in jeden vorhandenen Korb!"	**2. Problemstellung** „Treffen des hohen kleinen Ziels Korb" (z.b. Korbwurfwettkampf 21) *Folge:* Entfernung zu groß
3. Motorische Erarbeitung **Vom Leichten zum Schweren, Prinzip der graduellen Annäherung** • Ballführung gegen die Wand • hohe Pässe zum Partner • Korbwürfe nahe am Brett • Zielwerfen (Zielviereck)	**3. Demonstration** Die erfolgreichsten Würfe werden präsentiert. **4. Erproben** Die gezeigten Techniken werden ausprobiert. **5. Herausstellen der besten Lösung** (evtl. mit Erläuterungen zur technischen Ausführung)	**3. Problemlösung** Demonstration • Wurf aus dem Sitz (kl. Kasten) • Wurf aus dem Streckstand • Wurf mit Auftaktbewegung *1. Ergebnis:* Kinetion (dynamische Bewegung unter Einsatz des gesamten Körpers) **4. Anwendungsversuche** (mit Rückmeldungen) *Folge:* geringe Trefferquote trotz Überwindung der Distanz
4. Festigung/Erweiterung • Positionswürfe (PW) aus verschiedenen Entfernungen • PW unter Zeitdruck • PW nach Dribbling und Abstoppen • PW aus Zuspiel • PW nach Sternschritt • PW gegen Verteidiger (mit Rebound)	**6. Üben** unter einfachen/erschwerten Bedingungen, mit Korrekturen und methodischen Hilfen **7. Anwenden** Einsatz der erlernten Techniken in spielnahen Situationen	**5. Problemstellung** Voraussetzung für Zielgenauigkeit • Fußstellung (Rotation) • Ballhaltung (Zielen) • Abwurf/Kobrastellung (Drall) *2. Ergebnis:* Modulation (Feinabstimmung) **6. Üben** unter differenziertem Einsatz von Lernhilfen **7. Anwenden** Einsatz der erlernten Techniken in spielnahen Situationen

STREETBALL

Erziehung als Hilfe zur Selbsthilfe verlangt auch bei der Methodenwahl ein Umdenken.

Es geht mittelfristig um mehr Schülerorientierung und Schülerbeteiligung bei der Gestaltung des Unterrichts, ohne dass dabei die prinzipiell höhere Verantwortung der Lehrpersonen in Frage gestellt wird.

Der Lehrende muss sich in der Auswahl der Methoden an den unterschiedlichen Bedürfnissen seiner Schülerinnen und Schüler orientieren.

Methodisches Handeln ist auf das Lernen gerichtet, und lernen kann nur der Lernende selbst. Er oder sie müssen zum **Subjekt** des eigenen Lernprozesses werden, sich aktiv mit dem Inhalt auseinandersetzen und sich die Sache zu eigen machen.

So wird der Weg zum Ziel, es geht um **Methodenkompetenz: das Lernen lernen!**

In der heutigen schnelllebigen Zeit reicht das in der Schule Gelernte in der Zukunft nicht mehr aus, wenn es z.B. darum geht, sich immer neue Trendsportarten eigenständig zu erschließen.

Um diesen Prozess einer Entwicklung zur Selbstständigkeit zu fördern, darf Unterricht nicht „vollstreckt" werden.

Es sollen vielmehr durch die **gemeinsame** Erarbeitung eines Themas Lehren und Lernen inszeniert werden.

Das bedeutet, dass sich die Lernenden über Anregung und Anleitung für eine subjektive Auslegung der Lerngegenstände öffnen.

Ein erzieherisches Methodenverständnis gründet sich also auf die Fragen:

➢ „Welche Erfahrungen will ich als Lehrerin oder Lehrer ermöglichen, welche Methoden sind dafür geeignet und welche nicht?

➢ Was erwarten die Lernenden von dem Lerngegenstand, was suchen sie in der angebotenen Sachauseinandersetzung?

➢ Wie kann ich ermöglichen, dass sie ihre bisherigen Lernerfahrungen erweitern können?

➢ Wie schaffe ich ein mit Sinn erfülltes Tun?" (Laging, 2000, 5)

Im Rahmen eines erziehenden Unterrichts muss es einerseits darum gehen, den Schülerinnen und Schülern methodische Zugänge zu den Inhalten zu vermitteln. Sie sollen mit der **produktorientierten Methode** sachkompetent werden, Erfahrungen machen und darüber reflektieren, wie man sich sportlichen Zielen (technischen Fertigkeiten, taktischen Fähigkeiten, motorischen Grundlagen) systematisch annähert.

In der **prozessorientierten Methode** muss es andererseits in einem offenen Unterricht Handlungs- und Spielräume geben für eigenverantwortliches und kooperatives Handeln als Persönlichkeitsentwicklung.

Für die letztere finden sich in der Fachliteratur auch häufig Synonyme wie: problemorientierte, handlungsorientierte, schülerorientierte, offene Methode.

Karikatur zum Nachdenken
Prozess- oder produktorientiertes Arbeiten?

Cartoon: Erik Liebermann

Diese Grundpositionen markieren das oben zitierte Spannungsfeld von Vermittlung und Aneignung im Rahmen normativer Ansprüche (z.B. Richtlinienvorgaben) und individueller Sinngebungen.

Offener Sportunterricht, auch schülerorientierter oder prozessorientierter Unterricht genannt, berücksichtigt die Interessen der Schülerinnen und Schüler, indem er sie an der Planung und Durchführung des Unterrichts beteiligt. Er steht damit im Gegensatz zu einem mehr lehrerzentrierten, produkt- oder lehrziel-orientierten Unterricht. Die Schülermitwirkung ist ein entscheidendes Merkmal eines offenen Unterrichts. Das geschieht zunächst auf der kognitiven Ebene, indem sie an wichtigen Entscheidungen beteiligt werden. Auf der emotionalen Ebene bringen sie ihre Wünsche und Bedürfnisse ein, und auf der praktischen Ebene übernehmen sie teilweise die Gestaltung des Unterrichts. Die Quantität (und meistens auch die Qualität) der Mitentscheidungsmöglichkeiten ist abhängig von der Altersstruktur und dem Können und Wissensstand der Lerngruppe und entscheidend für den Grad der Offenheit des Unterrichts. Ein einfaches Beispiel: In einer 5. Klasse wird im Rahmen einer vielseitigen Koordinationsschulung mit unterschiedlichen Bällen die enge Ballführung mit dem Fuß durch einen Fähnchenslalom geübt. In der leistungsheterogenen Lerngruppe kommt es bald zur Über- und Unterforderung der Kinder. Der Lehrer setzt einen Impuls zur Veränderung des Parcours.
Die Schülerinnen und Schüler entwickeln unterschiedliche Lösungsmöglichkeiten und erproben sie, der Lehrer berät und hilft auf Wunsch.

STREETBALL

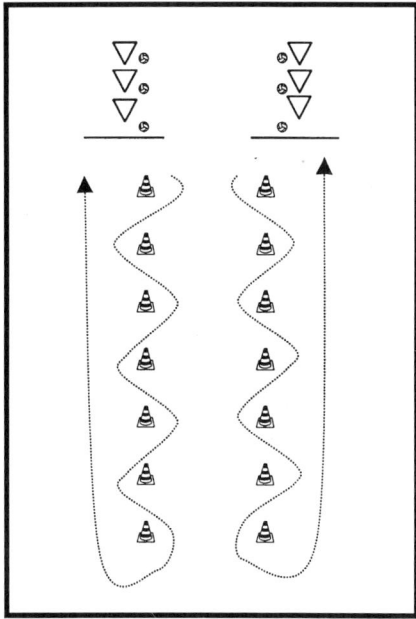

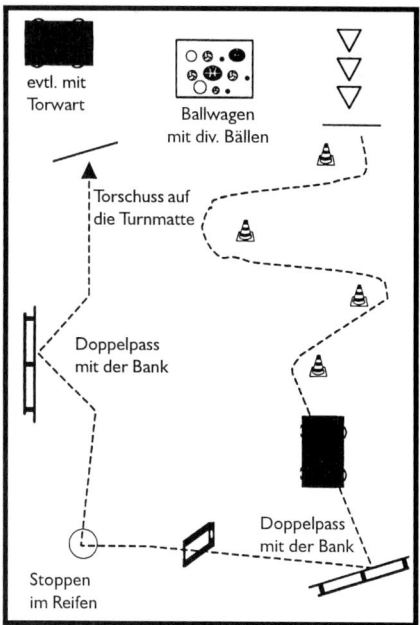

Die beiden Schaubilder zeigen einmal den vom Lehrer vorgegebenen „Einheitsparcours", den die Schülerinnen und Schüler sukzessive variierten und ausbauten. Das Beispiel einer leistungsstarken Gruppe zeigt das zweite Schaubild.

Dabei ist ein **handlungsoffener Unterricht** auf ein vereinbartes Ziel hin in den Lernwegen unbestimmt. Im **ergebnisoffenen Unterricht** wird eine Situation geschaffen, z.B. durch die Bereitstellung von Materialien und Geräten. Über diese sogenannten Arrangements (oder Inszenierungen) werden die Schüler selbsttätig, erarbeiten Lösungsvorschläge, vergleichen diese und werten die Lösungen aus.

Offener Sportunterricht als interessenorientierter Unterricht öffnet sich für neue Inhalte.

Er fördert somit die Motivation und folgt dem erzieherischen Grundsatz, die Kinder da abzuholen, wo sie mit ihren Vorlieben und Fähigkeiten stehen.

Im offenen Unterricht wird die Handlung vorrangig durch Impulse, Frage- und Problemstellungen der Schüler in Gang gesetzt.

Der Lehrer stellt sich als fachkompetenter Berater, Impulsgeber, Helfer oder auch Teilnehmer zur Verfügung.

Bei absehbaren Gefahren ist ein Eingreifen jedoch unbedingt erforderlich.

„Extrem offener" Sportunterricht

Aus: Bielefelder Sportpädagogen: „Methoden im Sportunterricht", Verlag Karl Hofmann,
Schorndorf 1989, S.196

Offener Unterricht ist demnach nicht exakt planbar, es werden keine operationalisierten Lernziele formuliert, sondern nur allgemeine Handlungsziele. Auch die Unterrichtsstruktur und der Organisationsrahmen können nur in groben Zügen festgelegt werden.

Diese Unterrichtskonzeption entspricht dem allgemeinen Didaktikmodell eines handlungsorientierten Unterrichts, der sich zumeist in fünf Schritten vollzieht:

1. Festlegen des Arbeitsthemas und Bestimmung grundlegender Ziele

2. Schaffen der notwendigen Lern- und Arbeitsvoraussetzungen

3. Formulieren von Arbeitsaufträgen

4. Durchführen der Arbeitsaufträge in Einzel- oder Gruppenarbeit

5. Auswerten der Arbeitsergebnisse

Wenn Erziehung nach dem Motto „Hilf mir, es selbst zu tun" (Maria Montessori) auf Selbstständigkeit und Mündigkeit zielt, müssen Unterrichtsmethoden diesem Ziel entsprechend ausgewählt und eingesetzt werden.

Die Lehrkraft als Fachperson ist nicht überflüssig, reduziert aber den Methodenvorsprung und entwickelt Methodenkompetenz bei den Schülerinnen und Schülern. Kurz (1989, 187 ff) gibt **fünf Anregungen zur Öffnung des Unterrichts** als Voraussetzung für schüler- und handlungsorientiertes Lernen:

STREETBALL

I. Ergebnisoffene Elemente:

Sport ist grundsätzlich ergebnis- und wettkampforientiert, was eine Lernziel- und Produktorientierung nahe legen würde. Auf der anderen Seite ist aber sportliches Handeln in der Gruppe (z.B. die Fähigkeit zum Spiel in einer Mannschaft) so komplex, dass eindeutige Lösungen eines Problems nicht möglich sind. Im problemorientierten Unterricht erzieht der Lehrer seine Schüler zur Selbstständigkeit, indem er eine Aufgabe (ein „Problem") stellt (z.B. Abbau der Spieldominanz körperlich überlegener Schüler). Die von der Lerngruppe erarbeiteten Lösungen werden verglichen, erprobt und ggf. übernommen.

2. Mehrdimensionalität:

Das ganzheitliche Lernen im Sport mit „Kopf, Herz und Hand" (auch handlungsorientierter Unterricht genannt) ist methodisch schwer umzusetzen. Entscheidend ist nur, dass keine der Dimensionen (konditionell, motorisch, kognitiv und emotional) ausgeklammert wird. Den Schülern muss deutlich werden, dass ein Inhalt mit unterschiedlichem Sinn belegt werden kann (s.o. Beispiel Laufen).

3. Flexible Planung:

Wenn Unterricht offen bleiben soll für Schülermitwirkung, dann darf kein starres Planungsschema diesen Prozess behindern. Ausgehend von einer relativ groben methodischen Struktur müssen für Ergänzungen und Veränderungen, die sich aus individuellen oder gruppenbezogenen Interessen und Fähigkeiten ergeben, Spielräume bleiben.

4. Innere Differenzierung:

Die bereits erwähnten großen Leistungsunterschiede in vielen Sportgruppen machen Differenzierungsmaßnahmen erforderlich, um Über- und Unterforderungen mit anschließender Sportunlust zu vermeiden. Über ein inhaltlich und methodisch differenziertes Angebot kann jeder angstfrei am Sportunterricht teilnehmen und „seinen" Sport finden.

5. Gemeinsame Unterrichtsgestaltung:

Schülerinteressen müssen zum Bezugspunkt des Unterrichts gemacht werden, denn gelernt wird nur, was der Lernende lernen will.
Die Erziehung zur Handlungsfähigkeit im Sport leitet zur Übernahme möglichst vieler Rollensegmente des Lehrers an.
Nicht nur Leistungsstarke sollten die Aufwärmübungen oder Schiedsrichtertätigkeiten übernehmen. Motorisch schwächere Schüler erbringen oft exzellente kognitive Beiträge. Sie sind häufig kreativ und innovativ, wenn es um Variationen des Sports geht und um das Schaffen organisatorische Rahmenbedingungen.

Problemorientierte Verfahren stellen jedoch nicht immer die beste Möglichkeit dar. Das gilt sowohl für Standardlösungen, als auch für offensichtlich ineffektive Lernwege. Sport muss nach wie vor betrieben und nicht nur arrangiert werden. Auch darf es durch die Mitwirkung der Schüler an der Unterrichtsplanung nicht zum ständigen Ausweichen kommen vor schwierigen und unbequemen Aufgaben, z.B. einer systematischen Ausdauerschulung oder Einübung schwieriger Techniken (vgl. Kurz 1989, 197f).

Cartoon: Jürgen Buchegger

STREETBALL

4. ... die Bewältigung von Alltagsproblemen

4.1. Theorie-Praxis-Bezug

„In jeder Praxis steckt Theorie" – Mit diesem Ausspruch verbindet sich die Einsicht, dass motorisches Lernen und Handeln immer auch über den Kopf gesteuert wird. Somit war und ist es selbstverständlich, dass als Eingangsvoraussetzung für das Bewegungslernen am Anfang des Lernprozesses der sogenannte Bewegungsentwurf steht.

Das Bewegungsziel wird durch Vormachen oder Vorzeigen (z.B. einer Bewegungsskizze) veranschaulicht, Bewegungsschwerpunkte (Schlüsselsequenzen) werden besprochen und die Lehrperson gibt eine Bewegungsanweisung. Diese praxisbezogene Theorie ist selbstverständlich und allgemein anerkannt wichtig. Der Lernende verarbeitet die Informationen, versucht die Bewegung umzusetzen, wird korrigiert, verarbeitet auch diese Hinweise und kommt so dem Bewegungsziel immer näher. Bewusstes Lernen setzt bestimmte kognitive Fähigkeiten und Interesse an Mitdenken, an einsichtigem Handeln voraus. Man muss also beim Einsatz von Theorie immer auch den Entwicklungsstand der Schülerinnen und Schüler berücksichtigen und die Inhalte kindgemäß anbieten.

Dieser Prozess der Bewegungsvermittlung und -aneignung ist aber nur bedingt ein Erziehungsprozess.

Die Verbindung von Theorie und Praxis im Rahmen eines erziehenden Unterrichts geht deutlich über diesen engen Theoriebegriff hinaus. Es stellt sich die Frage, welche Theorie über das Handlungswissen hinaus zu vermitteln ist und mit welchen methodischen Mitteln dieses geschehen kann.

Erziehender Sportunterricht ist, wie oben bereits ausführlich dargestellt, der Selbstständigkeit der Schülerinnen und Schüler verpflichtet. Er ist bemüht, Wertvorstellungen und Haltungen für ein möglichst lebenslanges Sporttreiben in Verantwortung für sich selbst und andere zu erzeugen.

Über die Vermittlung von Bewegungsvorstellungen hinaus geht es im Hinblick auf die angestrebte Selbstständigkeit zunächst um Methodenkenntnisse.

Die Sporttreibenden sollen in die Lage versetzt werden, das Lernen auf andere Bewegungssituationen und Sportbereiche zu übertragen, sich Inhalte und evtl. neue Trendsportarten selbst zu erschließen. Dabei ist der methodische Zugriff auf Bewegungstechniken gemeint: der Einsatz von methodischen Hilfen, das gegenseitige Helfen und Sichern, das gezielte Korrigieren usw. Es geht aber auch um die selbstständige Organisation von Lernprozessen und die Gestaltungsmöglichkeiten von Bewegungen. Hier handelt es sich um Kenntnisse zur Realisierung des eigenen sportlichen Handelns.

Über die Technikschulung hinaus muss der mündige Sportler aber auch wissen, wie er sich körperlich fit macht und fit hält.

Dazu gehören Kenntnisse über Ausdauerbelastungsformen, wie man diese methodisch aufbaut und wie vor allem Überforderungen vermieden werden können. Im Zusammenhang mit dem Sporttreiben in einer Gruppe ist es wichtig, welche Formen des Miteinanders und Gegeneinanders es gibt. Es stellt sich die Frage, wie man Regeln für ein erfolgreiches Zusammenspiel aufstellt und verändert, wie man das Sporttreiben in einer Gruppe organisiert. Weitere Kenntnisse zum sportlichen Handeln im sozialen Kontext betreffen Umweltfragen eines sanften Natursports. Besonders wichtig sind soziale Verhaltensweisen wie Fairness, Abbau von Aggression und Umgang mit geschlechtsspezifischen Interessen- und Leistungsunterschieden. Auch Aspekte eines allgemeinen Sportangebots im Umfeld der Schule sind wichtig. Erziehender Sportunterricht muss letztlich auch die Mündigkeit der Schülerinnen und Schüler fördern. Dazu zählt das kritische Bewusstsein zu allgemeinen Erscheinungsformen des Sports in unserer Gesellschaft, z.B. in den Medien, als Berufssport, im Zusammenhang mit Trends und Moden und politischen Einflussgrößen. Spätestens hier wird der Praxisbezug kaum noch deutlich. Ersichtlich wird aber die Notwendigkeit einer kritischen Distanz zu kommerziellen Angeboten und Auswüchsen des außerschulischen Sports bei der Findung eigener Sinnrichtungen und Motive für sportliches Handeln.

Den Umsetzungsmöglichkeiten solcher Unterrichtsinhalte sind in einem Bewegungsunterricht naturgemäß Grenzen gesetzt, und sie sind oft an situative Bedingungen geknüpft. Entscheidend ist, dass die Lehrkräfte auch solche Themen **einfordern** und, wie in allen anderen Fächern, die Ergebnisse der Bemühungen über Hausaufgaben, Referate usw. abrufen und **sichern**.

Des Weiteren sollte es für den Sportunterricht Selbstverständlichkeit werden, dass alle Schülerinnen und Schüler ein Sportheft führen, um wichtige Fakten zu notieren, Unterrichtsergebnisse festzuhalten, Anschauungsmaterial einzuheften usw.

Theorie

Auch die Nutzung vorhandener Schulbücher zur Vor- und Nachbereitung des Unterrichts wäre zu empfehlen. Nicht zuletzt müssten in einer modernen Mediengesellschaft auch aktuelle Informationstechnologien (Computer, CD ROM, Internet) den Sportunterricht bereichern.

Unter Nutzung der vielfältigen methodischen Möglichkeiten in der Theorievermittlung kann eine Kopflastigkeit im Unterricht (Primat der Bewegung!) vermieden werden.

Unterschiedliche Medien

4.2 Leistungsbeurteilung

Aus der Gleichwertigkeit aller Schulfächer (z.B. bzgl. der Versetzungsrelevanz) ergibt sich die Notwendigkeit, Leistungen im Sport zu zensieren. Das erleichtert die Umsetzung sportpädagogischer Ziele nicht gerade. Sport als Bewegungsfach ist nicht gleichartig. Im Vergleich zu anderen Fächern vermischen sich häufiger Verhaltensaspekte mit Kompetenzen. In einem erziehenden Sportunterricht verlangt der Aspekt der Leistungsbeurteilung besondere Beachtung seitens der Lehrkräfte. Grundsätzlich sind die einschlägigen Bestimmungen der Allgemeinen Schulordnung bindend. Es gilt aber, mögliche Gestaltungsräume zu nutzen, indem nicht nur sportmotorische Leistungen und

messbare Fakten (C-G-S-Methode)[6] zur Notenfindung herangezogen werden. Gleichermaßen müssen andere Leistungen, die aus einem mehrperspektivischen Unterricht erwachsen, angemessene Berücksichtigung finden. Gemäß des schulischen Doppelauftrags von Bildung und Erziehung hat die Notengebung im Rahmen gesellschaftlicher Anforderungen eine Bericht- und Selektionsfunktion:

➢ Für den Lehrer ist es ein notwendiger Bestandteil einer optimalen Unterrichtsgestaltung, indem es ihm eine **Diagnose des Lehr- und Lernprozesses** ermöglicht. Im Sinne einer positiven oder negativen Rückkopplung kann es den weiteren Unterrichtsablauf bestimmen.

STREETB

> Den Schülerinnen und Schülern werden notwendige **Orientierungen** über ihre Schulleistungen, ihre Lernfortschritte und Positionen innerhalb der Lerngruppe gegeben.

> Über Zensuren und Zeugnisse wird den Erziehungsberechtigten und den Kindern eine wichtige Rückmeldung gegeben und der Öffentlichkeit ein Maß der **Qualifikation** der Schülerinnen und Schüler für bestimmte Schul- oder Berufslaufbahnen geliefert.

In der Leistungsbeurteilung steckt aber auch die Chance einer Förderung zur Mündigkeit, zur Selbst- und Mitbestimmung. Das bedeutet, dass Schülerinnen und Schüler über Aspekte der Benotung (Inhalte, Prüfungsbedingungen, Gütemaßstäbe, Methoden der Notenerhebung) nachdenken und an Entscheidungen beteiligt werden sollen. Eine deutliche Transparenz der Notengebung ist unabdingbare Voraussetzung für eine erzieherisch wirksame Benotung. Einige pädagogische Bewertungsgrundsätze sollten dabei immer Berücksichtigung finden:

1. Kriterien der Zensurengebung sollten den Schülerinnen und Schülern offen gelegt werden.

2. Für eine „gerechte" Zensur sollten vielseitige Leistungsaspekte herangezogen werden.
   - Motorische Kompetenzen
   - Mitarbeit im Unterricht

- Beiträge zur Unterrichtsgestaltung
- Beiträge zu Unterrichtsgesprächen
- Mitarbeit in Projekten
- Schriftliche Übungen
- Referate, Kurzreferate
- Protokolle, Hausaufgaben

3. Zensuren sollten leistungsschwächere Schülerinnen und Schüler nicht demotivieren, indem sie daraus ableiten, dass Sport nicht „ihre Sache" ist.

4. Um den bestehenden Unterschieden der Schülerinnen und Schüler gerecht zu werden, sollte insbesondere der individuelle Leistungsfortschritt als wesentliche Komponente in die Leistungsbeurteilung eingehen.

5. Leistungsbeurteilungen dürfen sich nicht nur auf die Notengebung beschränken, sondern Bewerten und Zensieren sind Bestandteil des Kommunikationsprozesses zwischen Lehrern und Schülerinnen und Schülern, als Rückmeldung und Ausgangspunkt für Verbesserungen.

6. Zensuren sind das Fazit aus den Gesamteindrücken (unterrichtsbegleitende Beurteilung) und Teilbeobachtungen (punktuelle Leistungsüberprüfungen). Die Verwendung von Beurteilungsbögen können hilfreich sein.

7. Schülerinnen und Schüler sollten an den Überlegungen zur Leistungsüberprüfung (Was?, Wann?, Wie?) beteiligt werden.

Beurteilungsbogen

Rahmenbedingungen			
Pünktlichkeit	○ immer	○ überwiegend	○ selten
Vollständigkeit der Sportkleidung	○ regelmäßig	○ manchmal	○ selten
Hausaufgaben	○ immer	○ manchmal	○ nie
Helfen bei organisatorischen Aufgaben (z.b. Aufbau)	○ häufig	○ manchmal	○ nie

Personale und soziale Kriterien			
Lern- und Anstrengungsbereitschaft	○ vorhanden	○ phasenweise	○ keine
Mitarbeit in den theoretischen Arbeitsphasen	○ immer	○ phasenweise	○ selten
Selbstständigkeit und Zuverlässigkeit	○ überwiegend	○ manchmal	○ selten
Kooperationsfähigkeit und Kooperationsbereitschaft	○ häufig	○ zeitweise	○ selten
Rücksichtnahme und Hilfsbereitschaft	○ vorhanden	○ phasenweise	○ sporadisch
Konfliktbereitschaft und Konfliktfähigkeit	○ vorhanden	○ phasenweise	○ keine
Toleranz und Empathie	○ vorhanden	○ gelegentlich	○ minimal

Kognitive und motorische Qualitätskriterien			
Ausprägung technischer Fertigkeiten	○ umfangreich	○ durchschnittlich	○ gering
situationsgerechtes Anwenden der Fertigkeiten	○ umfangreich	○ durchschnittlich	○ gering
taktisch (richtiges) Verhalten	○ häufig	○ zeitweise	○ selten
regelgerechtes Spiel (Regelkunde)	○ umfangreich	○ durchschnittlich	○ gering
Einsatz und Effektivität	○ groß	○ mittelmäßig	○ gering
Konditionelle Fähigkeiten	○ groß	○ mittelmäßig	○ gering
Lern- und Leistungsfortschritt	○ groß	○ mittelmäßig	○ gering

Der Konflikt zwischen pädagogischer Verantwortung und gesellschaftlicher Ergebnisanforderung ist nicht auszuschalten. Fördern und Selektieren definieren zwei völlig unterschiedliche pädagogische Situationen. Für das Fördern ist es wertvoll, dass die Lernenden ausprobieren, miteinander kooperieren und Fehler machen können. Für das Selektieren sind Objektivität, Vergleichbarkeit und normierte Leistungsanforderungen charakteristisch. Völlig falsch wäre es aber, das Zensieren zu ritualisieren und die

STREETBALL

Benotung zum heimlichen Lehrplan zu machen. Das hieße, den Sportunterricht zum „Notenmachen" verkommen zu lassen, zu einem sogenannten „Notizbuchsport".

Die Verwirklichung eines Erziehenden Sportunterrichts vergrößert das Spannungsfeld zwischen den pädagogischen Zielen und der an Normen orientierten Notengebung. Bei einer sensiblen Behandlung der Benotungspraxis eröffnen sich auch besondere Chancen, z.B. in der Schülerbeteiligung bei der Leistungsbeurteilung als Zugang zum selbstgesteuerten Lernen. Das Ziel, die Selbstständigkeit zu fördern, beinhaltet das Bemühen, alle Mitwirkenden aktiv am Erziehungsprozess, einschließlich der Beurteilung, zu beteiligen. Durch das Registrieren der eigenen Lernerfolge werden die persönliche Selbsteinschätzung, das Selbstwertgefühl und damit das Selbstvertrauen in die eigene Leistungsfähigkeit gestärkt. Damit lässt sich auch die Motivation zum weiteren selbstgesteuerten Lernen fördern. Der Komplex der Leistungsbeurteilung und der Notengebung hat große Auswirkungen auf das Verhalten der Schüler. Diese gewöhnlich nur einseitig vom Lehrer durchgeführte Leistungsbeurteilung steht immer in der Gefahr, Konkurrenzdenken hervorzurufen. Derartiges leistungsorientiertes Denken kann zum Verlust der Menschlichkeit führen, weil es am Erfolg orientiert ist, der sich oft nur auf Kosten anderer erringen lässt. Zudem kann die Leistungsbeurteilung das Schüler-Lehrer-Verhältnis durch unbeabsichtigte Auswirkungen wie

z.B. Angst, Aggression und Verschlossenheit belasten. Diese Auswirkungen stehen den Absichten schulischer Erziehung zur Selbstständigkeit und Eigenverantwortung, Kooperations-, Kritik- und Kommunikationsfähigkeit entgegen.

Es ist unerlässlich, auch den Bereich der Leistungsbeurteilung mit diesen Erziehungsabsichten in Übereinstimmung zu bringen. Eine solch intendierte Entwicklung im Bereich der Persönlichkeitsbildung ist allerdings ein langwieriger Lernprozess. Er erfordert vom Lehrer Geduld und Ausdauer und ein hohes Maß an Sensibilität. Durch eine Beteiligung der Schüler an der Beurteilung ihrer eigenen Leistungen sollen sie lernen, zunehmend ihre Leistung realistisch einzuschätzen. Dabei werden Selbstständigkeit und Selbstbewusstsein ausgebildet.

Eine Schüler-Schüler-Bewertung ist erzieherisch förderlich, wenn es um Anregungen zur Verbesserung des Lernens geht, um ein konstruktives Feedback.

Oft werden dazu gezielte Beobachtungsaufgaben verteilt, um die Wahrnehmung zu schulen oder um eine Rückmeldung für den Lernenden im Bewegungsvergleich zu geben. Problematisch und pädagogisch kontraproduktiv ist die Aufforderung zum gegenseitigen Bewerten, einer Niveaufestsetzung oder Bildung einer Notenrangfolge. Dies ist und bleibt Lehrersache! Allerdings sind die Prüfungsbedingungen und die Gütemaßstäbe sehr wohl verhandelbar.

Eine weitere Möglichkeit der Beteiligung der Schüler an der Leistungsbeurteilung sind Formen der Selbstverpflichtung und der Selbstbewertung. Die Schüler stellen zum Beispiel einen (schriftlichen!) Vertrag mit sich selbst auf, oder geben sich selbst Rechenschaft über ihren Leistungsstand und ihre Lernentwicklung in einem „Kann-Buch". Selbsteinschätzung und das Setzen und Verfolgen eigener Ziele sind motivationsfördernd und persönlichkeitsbildend.

Vertrag mit mir selbst

Hiermit verpflichte ich mich zur Einhaltung des folgenden täglichen/wöchentlichen Trainingsprogramms:

Koordinationsübung: _____

Kraft- und Dehnübungen: _____

Laufstrecke: _____

Bei Nichteinhaltung: _____

Im Erfolgsfall: _____

Datum _____   Unterschrift _____

STREETBALL

Das „Kann-Buch"

Datum:			
Was habe ich heute gelernt?			
Was muss ich noch üben?			
Wie beurteile ich die heutige Stunde?	Wie groß war die Anstrengung?	Wie viel Spaß hatte ich?	Wie schätze ich meine Leistung ein?
	☺ 😐 ☹	☺ 😐 ☹	☺ 😐 ☹

Datum:			
Was habe ich heute gelernt?			
Was muss ich noch üben?			
Wie beurteile ich die heutige Stunde?	Wie groß war die Anstrengung?	Wie viel Spaß hatte ich?	Wie schätze ich meine Leistung ein?
	☺ 😐 ☹	☺ 😐 ☹	☺ 😐 ☹

Letztlich ist aber die Lehrkraft zum Benoten verpflichtet und für die Begründung verantwortlich! Das wirft immer zwei Probleme auf, das der Gerechtigkeit und das der notwendigen und möglichen Milde.

Die Schülerinnen und Schüler sehen vornehmlich das sportliche Können der Lerngruppe und vergleichen sich im Könnensstand mit anderen. Für sie ist es oft nicht nachvollziehbar, dass der Star aus pädagogischen Gründen kein „sehr gut" bekommt, der sportschwache Schüler mit „befriedigend" dagegen zu gut abschneidet.

Hier wäre zunächst wichtig, die Beurteilungskriterien zu Beginn des Unterrichts, z.B. eines Schulhalbjahrs, offen zu legen und deutlich zu machen, dass weder ausschließlich absolut (d.h. nach übergeordneten Normen und Bewertungsskalen) zensiert wird, noch der Klassendurchschnitt die alleinige Bewertungsgrundlage bietet.

Eine milde Beurteilung ist immer da geboten, wo ein sportmotorisch leistungsschwacher, aber besonders engagierter Schüler durch eine schlechte Note erfahren könnte „Sport ist nichts für mich".

Gerechtigkeit in der Sportnote ist aber auch ganz besonders eine Frage der Inhaltsvielfalt. In einem mehrperspektivischen Unterricht mit vielseitigen Bewegungsangeboten, kognitiven Anteilen, Aspekten des sozialen Lernens, Gestaltungsaufgaben usw. verbessern sich für die meisten Schülerinnen und Schüler die Bedingungen für das Erreichen der angestrebten Sportzensur.

Ein praktisches Beispiel aus der Leichtathletik soll diesen pädagogischen Ansatz einer Leistungsbewertung, die erzieherischen Grundsätzen entspricht, verdeutlichen[7].

Mit dem Thema **Erarbeitung und Anwendung unterschiedlicher Leistungskriterien im Bewegungsfeld „Laufen, Springen, Werfen"** werden exemplarisch die verschiedenen Normen, an denen sich Leistungen und Gütemaßstäbe (nicht nur) im Sport orientieren, untersucht.

Es werden die Zusammenhänge von Leistungsmaßstäben und Variationen von Erfolgskriterien zur Erzeugung von Chancengleichheit und Spannung erarbeitet.

Darüber hinaus sollen allen Schülerinnen und Schülern individuelle Könnens- und Leistungserfahrungen erschlossen werden. Außerdem geht es um vielfältige Erlebnismöglichkeiten der elementaren Bewegungsformen Laufen, Werfen, Springen.

STREETBALL

Struktur des Unterrichtsvorhabens

1. UE Thema:

Leichtathletik im „Wald-Stadion"
– Erfahren und Bewusstmachen der
Bewegungsvielfalt der leichtathletischen
Grundtätigkeiten Laufen, Werfen, Sprin-
gen unter besonderer Berücksichtigung
unterschiedlicher Leistungskriterien

2. UE Thema:

Leistungen relativ werten
– Erarbeiten der konstitutionellen Voraussetzungen im Zusammenhang mit
der Sprunghöhe beim Hochsprung

3. UE Thema:

Vorgaben und Handicaps
– Variationen der Bewegungs-
ausführungen und Einsatz verschiedener
Geräte zur Modifikation von Wurf-
leistungen beim Schlagwurf

4. UE Thema:

Leistungskriterium Genauigkeit
– Einzel- und Partner-Zeitschätzläufe
selbst erwählter Strecken und festgeleg-
ter Zeiten

5. UE Thema:

Einbau von Risikofaktoren
– Selbstständiges Finden und Anwenden
von Regelveränderungen beim Weit-
sprung in Kleingruppen

6. UE Thema:

Wettkampfbesprechung – Erproben und
Analyse der selbstständig von den Schülerinnen und Schülern geplanten alternativen leichtathletischen Gruppen-
wettkämpfe als Basis für die
abschließende Sommerolympiade

7. UE Thema:

Sommerolympiade der „Sisyphusschule"
– Durchführung und Reflexion des alternativen leichtathletischen Gruppen-
wettkampfes

Diese Reihe dokumentiert eine mögliche
grundlegende, aufeinander aufbauende
Erarbeitung des Leistungsbegriffs.
Zusätzlich zu den sieben aufgeführten
Unterrichtseinheiten können abhängig
vom Könnensstand der Lerngruppe, von
der unterrichtlichen Schwerpunktsetzung bzw. des Kursprofils Übungs-
stunden zu ausgewählten leichtathletischen Disziplinen eingefügt werden.
Auf diese Weise werden neben der in-
tendierten vielfältigen Eröffnung von Er-
lebnissen und Körpererfahrungen leicht-
athletische Grundtechniken vertiefend
geübt. Motorische Lerninhalte können
dann im Sinne übergeordneter Ziel-
perspektiven bei „alternativen"
Leistungskriterien benotet werden.

4.3 Verhaltensauffälligkeiten

Eine allseits bekannte Zeiterscheinung sind zunehmende Verhaltensauffälligkeiten vieler Schülerinnen und Schüler. An dieser Stelle kann keine gründliche Ursachenforschung betrieben werden. Hier geht es vielmehr um typische Symptome, die gerade im Sportunterricht häufig auftreten.

Darüber hinaus werden Überlegungen angestellt, wie Lehrkräfte mit erzieherischen Maßnahmen sinnvoll reagieren können.

Sportunterricht ist besonders anfällig für **Konflikte und Störungen**.

Das liegt einmal an der „geräuschvollen Mobilität" des Geschehens, verglichen mit dem (Frontal-)Unterricht im Klassenraum. Außerdem glauben viele, von der allseits bekannten „Sache Sport" etwas zu verstehen und überall mitreden zu können. So kommt es nicht selten zu unangepassten Verhaltensweisen (Schüler hampeln und albern herum, widersetzen sich den Ansagen und Aufgabenstellungen) und unangemessenen sprachlichen Äußerungen („Was verstehen Sie denn schon davon", „das ist ätzend", „nicht schon wieder...", „im Verein machen wir das aber anders").

Hier und in allen anderen Konfliktsituationen ist eine Überreaktion der Lehrkraft nicht sinnvoll, wohl aber eine deutliche Reaktion.

So kann ein Vorfall bewusst heruntergespielt oder eine Missbilligung deutlich angezeigt werden.

Aggression und Gewalt sind in der Schule heutzutage keine Seltenheit und nehmen in manchen Schulformen und Regionen bedrohliche Formen an. Hier sollen nicht krasse Einzelfälle, sondern alltägliche Störungen angesprochen werden:

Der oft rücksichtslose Umgang mit Klassenkameraden, das Wegschubsen und Umrennen sind Verhaltensweisen, die oft keine Beachtung erfahren. Dazu gehören auch das egoistische Besitzergreifen von Bällen und die mutwillige Beschädigung von Inventar. Bei den Verursachern besteht kaum ein Unrechtsbewusstsein.

Manche Lehrer schauen über diese „Nebensächlichkeiten" hinweg, und Eltern halten sich in diesen Fällen bedeckt. Im Sinne des erzieherischen Grundsatzes „Wehret den Anfängen" sollten die Lehrkräfte in jedem Einzelfall einschreiten und kein „Sündenregister" auflaufen lassen.

Eine andere Form von Aggression, die als solche wenig bemerkt wird, ist die Unterdrückung schwächerer Schülerinnen und Schüler durch die Anführer einer Gruppe. Oft sind es festgefügte Machtstrukturen, in denen dominante Schüler das Meinungsbild der Klasse bestimmen, andere für sich „arbeiten" lassen und Außenseiter tyrannisieren. Im Sportunterricht fallen solche Strukturen eher auf als in anderen Fächern (z.B. bei Mannschaftsbildung und Geräteabbau) und müssen dann sofort angesprochen werden.

Weitaus offensichtlicher sind Formen körperlicher Aggression und Gewalt sowie die psychischen Varianten in Form von verbalen Attacken und Gesten. Es beginnt mit völlig überzogenem körperlichen Einsatz im Wettkampf gegen den Gegner, beinhaltet das gezielte „Abschießen" eines anderen (evtl. auch des Mitspielers, wenn der einen Fehler gemacht hat), äußert sich in Handgreiflichkeiten bis hin zur mutwilligen Körperverletzung.

In diesen Fällen muss eine umgehende Sanktionierung erfolgen. Bei leichteren Verstößen kann man evtl. noch mit „sportlichen" Mitteln bestrafen (Zeitstrafe, „Rote Karte"). In drastischen Fällen kann nur ein Einschreiten mit Mitteln der Schulordnung Abhilfe schaffen. Unter erzieherischen Gesichtspunkten sind hier von der Lehrperson schnelles Reagieren und geradliniges Handeln gefordert.

Lehrerreaktion

Eine andere Verhaltensauffälligkeit unserer Tage ist die **Verweigerung** der Kinder und Jugendlichen, die **„Null-Bock-Haltung"**. Das zeigt sich besonders, wenn es unbequem und anstrengend wird, oder wenn die Primärmotivation für bestimmte Unterrichtsinhalte nicht gegeben ist.

Null-Bock-Haltung

Typische Erscheinungsformen sind das häufige Zuspätkommen oder Fehlen, vergessenes Sportzeug, Unpässlichkeiten usw. Im Einzelfall können diese Verhaltensweisen toleriert werden, nachdem man sie für alle deutlich erkennbar registriert hat. Bei wiederholter passiver Resistenz gilt es, zunächst im Einzelgespräch die Ursachen zu klären, das Problem bewusst zu machen und dann die Ablehnungsfront aufzubrechen.

Dazu müssen im Einzelfall sicher auch einmal Druckmittel eingesetzt und die Zusammenarbeit mit dem Elternhaus gesucht werden.
Eine andere Lösungsstrategie wäre die positive Verstärkung dieser Schüler bei gewünschten Verhaltensweisen und das gezielte Angebot besonders motivierender Inhalte. Pädagogisches Handeln ist also meistens ein Kompromiss zwischen „Übersehen" und „Nichtdurchgehenlassen".

Für die Handhabung von Unterrichtsstörungen gibt es keine Patentrezepte. Grundsätzlich lassen sich einige Botschaften formulieren, die helfen können, über den fruchtbaren Umgang mit Unterrichtsstörungen zu Entstörungen zu kommen (Miethling, 1993, 14-23):

➢ „Wenn wir als Sportlehrende erwarten, dass Schüler die Schule, den Lehrer und den Sportunterricht akzeptieren, müssen wir die Schüler ernstnehmen, auch und gerade in dem Problem, sich als Schüler definieren zu lassen. Wenn Schüler solche Akzeptanz nicht erfahren, sind vermehrte Störungen programmiert. ...

➢ Beteiligung an Sportspielen, Gewinnen und Verlieren wollen gelernt ein. Wer Spielstörungen in dieser Hinsicht lösen statt verdrängen möchte, sollte sich die Zeit nehmen und sie zum Thema des Unterrichts machen. ...

74

STREETBALL

> Wer Unterrichtsfallen[8] ... vermeiden möchte, der sollte sein unterrichtliches Arrangement auf Schwerpunktsetzungen und didaktische Stimmigkeit hin überdenken. ...

> Ein schülerorientierter Sportunterricht erfordert verbale und nonverbale Eindeutigkeit und Bestimmtheit in den Kommunikationsweisen der Lehrenden. Der Umgang mit bestimmten Unterrichtsstörungen kann fruchtbar werden, wenn Lehrende in ihnen nicht so sehr Ablehnung als vielmehr die Aufforderung zur Entwicklung ihres Unterrichts sehen.
Störungen führen so zu „sympathisierender Distanz" statt zur Konfrontation gegenüber Schülerinnen und Schülern und ermöglichen eine Verbesserung unterrichtlicher Stilbildung. ...

> Kollegiale Beratung und Kooperation bei anhaltenden Unterrichtsstörungen sind leicht zu fordern und oft schwer zu realisieren. In der (un-) heimlichen Maxime «Habe deine Klasse stets im Griff!» greifen starre und abgekapselte unterrichtliche Ordnungsvorstellungen, die allein schon die wechselseitige Mitteilung von Unterrichtsstörungen als problematisch für Lehrende erscheinen lassen. Kooperation in diesem sensiblen Bereich setzt Ermutigung und Vertrauen in einem grundlegend wertschätzenden Umgang miteinander voraus."

4.4 Reflexive Koedukation

Gemeinsamer Sportunterricht für Jungen und Mädchen ist ein Erziehungsauftrag. Das bedeutet nicht Koedukation um jeden Preis, nicht um den Preis der (häufigen) Benachteiligung der Mädchen.
Es bedeutet aber gemeinsame Erziehung, um geschlechtsspezifische Vorurteile zu erkennen und abzubauen. Auf der anderen Seite sollen sportliche Fertigkeiten, Körperbewusstsein und Bewegungsgeschick aufgebaut werden. In einem gleichberechtigten und freudvollen Miteinander soll die Fähigkeit entwickelt werden, Konflikte auszutragen und neue Handlungsintentionen zu erschließen.

Beim gemeinsamen Sportunterricht unterscheidet man zwei Modelle:

1. **Das funktionale Modell (Koinstruktion):**
   Alleine durch den Zusammenschluss von Jungen und Mädchen und das gemeinsame Sporttreiben werden Einstellungs- und Verhaltensänderungen bewirkt und die Unterschiede zwischen den Geschlechtern nivelliert.

2. Das intentional-koedukative Modell (reflexive Koedukation):

Biologische und sozialisationsbedingte Unterschiede zwischen Mädchen und Jungen werden gezielt aufgearbeitet und bewusst gemacht.

Der reflexive-koeduktive Sportunterricht bedarf planvoller Lehr- und Lernprozesse, in denen nicht nur das Sporttreiben im Mittelpunkt steht, sondern auch Gespräche und Reflexionen erfolgen. Ein Sportunterricht, der lediglich den tradierten Pfaden folgt, einseitiges Sportartenlernen und sportliche Leistung in den Mittelpunkt rückt, kann dieses Ziel nicht erreichen. Gerade die Orientierung an Konkurrenzbereitschaft und Leistung wird als typisches Merkmal des männlichen Sports interpretiert. Dies birgt die Gefahr, dass ein entsprechender Sportunterricht sich an den Interessen der Jungen orientiert und denen der Mädchen nicht gerecht wird.

Als Kriterien eines geglückten koedukativen Sportunterrichts werden von Scheffel (1996) folgende Prinzipien angegeben:

➤ bewusste Problemverarbeitung,
➤ Umwertung von Leistung und Wettkampf,
➤ bewusste Auswahl der Unterrichtsinhalte,
➤ veränderte Organisation des Unterrichts,
➤ Veränderung des Lehrerverhaltens.

Im erziehenden Sportunterricht geht es also darum, vom Nebeneinander **(Koinstruktion)** zum bewussten Miteinander **(reflexive Koedukation)** zu kommen. Der Sportunterricht alleine kann die unterschiedliche geschlechtsspezifische Sozialisation nicht auffangen und kann Rollenklischees nicht abbauen. Auch hier bedarf es einer gemeinsamen erzieherischen Anstrengung aller Fächer.

STREETBALL

Häufig kommt es aber gerade durch den Sportunterricht zu einer Unterstützung und Verfestigung der Rollenstereotype. So z.B., wenn vermeintlich typisch männliche Eigenschaften (Härte, Kampfgeist) den typisch weiblichen (Empfindsamkeit, Ausdruck) entgegengestellt werden und sich daraus ein klischeehaftes Sportverständnis entwickelt: „Fußball ist Männersache", „Tanz ist Weiberkram". Koedukativer Sportunterricht kann diese Vorurteile abbauen helfen, wenn er intentional ausgerichtet ist. Jungen und Mädchen müssen lernen, trotz der geschlechtsspezifischen Unterschiede so miteinander Sport zu treiben, dass sie im Miteinander positive Erfahrungen machen.

So werden sie die sozialisationsbedingten Unterschiede und damit die Lernvoraussetzungen des jeweils anderen Geschlechts akzeptieren. Ein ganz entscheidender Faktor bei der Umsetzung ist die innere Bereitschaft der Lehrpersonen zur Koedukation. Es ist hinreichend bekannt, dass Sportlehrer in der Regel lieber Schüler als Schülerinnen unterrichten. Viele Lehrkräfte erteilen aufgrund ihrer persönlichen Neigung zum wettkampforientierten Sport am liebsten einen leistungsorientierten Unterricht. Dieser kommt wiederum vielfach den Jungen mit einem traditionellen Sportverständnis entgegen.

Cartoon: Wilhelm Nüchter

Es ist demnach besonders wichtig für einen koedukativen Unterricht, dass die Lehrkräfte ohne Parteilichkeit die Schülerinnen und Schüler in ihrer geschlechtsspezifischen Körper-, Bewegungs- und Sportentwicklung wahrnehmen. Sie sollten sportliche Interessen und Leistungen beider Geschlechter gleichermaßen wertschätzen. Zur Förderung der Ichstärke müssen auch den weniger sportlichen Schüler(innen) Erfahrungsräume und Handlungsmöglichkeiten eröffnet werden. Daraus leitet sich die Forderung an die Lehrkräfte ab, in Planung und Durchführung ihres Unterrichts dem Gesichtspunkt der Binnendifferenzierung verstärkt Rechnung zu tragen. Das wiederum dürfte angesichts vielfach geschlechtshomogener, aber sehr leistungsheterogener Lerngruppen nichts Besonderes sein. Denn auch hier gibt es die guten und schlechten, motivierten und desinteressierten, dicken und dünnen, aggressiven und ausgeglichenen Schüler. Die nachfolgende Tabelle nennt gängige Vorbehalte gegen einen koedukativen Unterricht und stellt ihnen Argumente zur Entkräftung gegenüber.

Vorbehalte gegen Koedukation	Gegenargumente
Biologisch-physiologische Unterschiede sind zu groß.	Körperliche Unterschiede gibt es auch in geschlechtshomogenen Gruppen und können durch Differenzierungsmaßnahmen aufgefangen werden.
Interessenunterschiede sind zu groß.	Koedukation ist eine Chance, neue Bewegungs- und Erlebnismöglichkeiten zu schaffen
Der Leistungsgedanke wird vernachlässigt.	Es darf nicht um einen engen Leistungsbegriff gehen, der individuelle Möglichkeiten, persönlichen Lernfortschritt und soziale Mitverantwortung behindert.
Lehrer haben fachliche Defizite, d.h. sie sind für die besondere Problematik nicht speziell ausgebildet.	Abgesehen von der Möglichkeit der Fortbildung geht es hier um die Tatsache, dass pädagogische Kompetenz wichtiger als Fachkompetenz ist.
Lehrkräfte haben Angst vor Disziplinschwierigkeiten.	Es sollten zunächst Erfahrungen in bereits bestehenden, gut funktionierenden koedukativen Lerngruppen gesammelt werden.
Die meisten Sportarten sind ungeeignet für Koedukation.	Über Variationen (z.B. Regelveränderungen) können Probleme (besonders aufgrund unterschiedlicher Vorerfahrungen) gelöst werden, wenn gegenseitiges Verständnis geübt wird.

STREETBALL

Aus den Überlegungen ergeben sich einige Konsequenzen für den Unterricht. Unverzichtbar für die Aufarbeitung von Problemen und die Sensibilisierung für die Bedürfnisse aller sind **Unterrichtsgespräche**. Hier gilt es, Erfahrungen zu reflektieren, auszuwerten, Bedürfnisse zu artikulieren und zu kooperativen Lösungen zu kommen. In dem Zusammenhang ist aber auch die Unterrichtssprache von Bedeutung. Zu vermeiden sind hohe Sprechanteile der Lehrer in einer „Anweisungssprache" (Kommandoketten), die häufig Zweidrittel der Kommunikation ausmachen. Außerdem ist auch auf die Art und Weise des Sprechens zu achten. So beeinflussen Empathie und Ermutigung positiv zur Meinungsäußerung. Außerdem sollten **ausschließlich** verwandte männliche Sprachformen unterlassen werden (nicht: „Bildet vier Gruppen zu je sechs Mann", sondern: „... zu je sechs Mädchen und Jungen"). Ähnliches gilt für den Einsatz von Medien mit einer häufigen Überrepräsentanz männlicher Darsteller. Das kann u.a. zu einer Verfestigung der Haltung führen, dass Sport nur etwas für Jungen sei. An dieser Stelle soll aber nicht einer Praxis das Wort geredet, in der selbst Fachbegriffe in die Weiblichkeitsform übertragen werden, so dass aus *Manndeckung* eine *Fraudeckung* wird.

Ein weiterer Gesichtspunkt ist der Prozess der **Gruppenbildung**. Da sich ein ungezwungener Umgang von Jungen und Mädchen im koedukativen Sportunterricht nicht von selbst ergibt,

müssen die Lehrkräfte behutsam sein in der Zusammenführung, d.h. in der Zusammensetzung der Übungs- und Spielgruppen. Hier bietet sich an, Paare und Gruppen nach dem Zufallsprinzip zu bilden, die Dauer der Gruppenzugehörigkeit zunächst einzuschränken und Körperkontakte allmählich aufzubauen.

Ein wichtiges Prinzip im koedukativen Unterricht ist die **Chancengleichheit**, die durch Handicaps und andere Regelveränderungen herzustellen ist. Der pädagogische Umgang mit diesen Maßnahmen ist wichtig, um Diskriminierungen der Leistungsschwächeren und Frustrationen der Leistungsstarken zu vermeiden.

Reflexive Koedukation ist ein Auftrag der ganzen Schule und geht über den Fachunterricht hinaus. Auch die Eltern sollten informiert und in dieses Erziehungskonzept eingebunden werden. So können letztlich Jungen und Mädchen in der Überwindung der traditionellen Geschlechterrolle einen Gewinn erfahren. Sie können Ängste und Unsicherheiten überwinden und ihr Verhaltensspektrum erweitern.

5. ... die Bereitschaft zu Innovationen

5.1 Außerunterrichtliche Angebote

Ein großes Feld erzieherischer Möglichkeiten eröffnet sich im Bereich außerunterrichtlicher Angebote. Hier sind der oft starre institutionelle Rahmen und die typische Lehrer-Schüler-Beziehung aufgehoben. Losgelöst von den unterrichtlichen Aufgaben und von Zwängen eines Pflichtkanons der Richtlinien kann die Lehrkraft den Schülerinnen und Schülern in vielseitigen Rollenbildern begegnen und Vorbildfunktion einnehmen.

In **Sportarbeitsgemeinschaften** können Schülerinnen und Schüler ihren Neigungen und Bedürfnissen entsprechend sportlich aktiv sein.

Sie bewegen sich in homogenen oder heterogenen Gruppen leistungs-, fitness- oder freizeitorientiert. Hier und beim **Pausensport** kann der Lehrer ein Mitspieler sein.

Er lässt Körperlichkeit und Emotionalität zu, offenbart Unzulänglichkeiten, wirkt aber auch als Vorbild im Bereich Fairness.

Lehrer als Spieler und Mitspieler

UND ICH SAGE NOCH ZU IHM: WENN SIE IN DER 8b UNBEDINGT SPIELEN WOLLEN, DANN HÖCHSTENS SCHACH ODER MEMORY!

Cartoon: Hogli

STREETBALL

Zu einem schülergerechten **Pausensportkonzept** gehören Bewegungs- und Ruhezonen, die Nutzung von Sportstätten und die Bereitstellung von Spiel- und Sportgeräten. So können individuelle Bedürfnisse von Bewegung, Ruhe und Entspannung befriedigt werden im Sinne erzieherisch bedeutsamer Selbsttätigkeit und Kooperation.

Schulsportwettkämpfe eröffnen besondere pädagogische Möglichkeiten. Schülerinnen und Schüler sollten das Erlebnis eines Einzel- oder Gruppenwettkampfs als spannende Herausforderung annehmen. Sie sollten Stolz empfinden beim Einsatz für die Klasse oder Schule und Solidarität zeigen als Zuschauer und Schlachtenbummler. Als Betreuer einer Wettkampfmannschaft ist der Lehrer als Fachmann gefragt, der aber über das Gewinnen-Wollen nicht die Unverletzlichkeit der Gegner vergisst und Fair-Play vorlebt.

Im **Schullandheimaufenthalt** teilt die Lehrperson auch andere Lebensbereiche (Essen, Freizeit) mit den Kindern. Sie ist Privatperson bei geselligen Veranstaltungen und kann sich authentisch in das Geschehen einbringen. Die besonderen Umstände, nämlich natürliche Bedingungen außerhalb des Schonraums Schule, begünstigen die thematische Behandlung von Fragen der Umwelterziehung.

Im Rahmen von **Projektwochen** oder **Projekttagen** lassen sich erfolgreich Themen umsetzen und solche pädagogischen Ziele verfolgen, die in Verbindung mit anderen Fächern und außerhalb eines starren Zeitrahmens besonders erfolgsversprechend sind. Der handlungsorientierte Zugriff und die häufig klassen- und jahrgangsstufenübergreifende Zusammensetzung der Gruppen eröffnen erzieherische Möglichkeiten.

Hier sind besonders Miteinander, Rücksichtnahme und Toleranz, Durchsetzungsvermögen, Beharrlichkeit usw. gefragt. Exkursionen, z.B. der Besuch einer Eishalle, einer Kletterwand oder die sportliche Gestaltung eines Wandertages (z.B. unter dem Motto „Das Fahrrad als Sportgerät") stellen weitere Formen eines außerunterrichtlichen Angebots dar. Deutlich wird dabei das erzieherische Potential im Sinne einer lebensweltlichen materialen und körperlichen Erfahrung.

Einen ganz erheblichen Stellenwert bzgl. des Selbstwertgefühls, des (Selbst-)Darstellungsvermögens und der Teamfähigkeit besitzen **Aufführungen** im Sport. Der Auftritt in einer „Zirkusgruppe", in einer Turnriege oder Tanzformation vor Publikum, und seien es „nur" die Eltern einer Klasse, führt zu einer erheblichen Steigerung des Ich- und Wir-Gefühls. Sie sind somit ein Beitrag zur Personal- und Sozialkompetenz.

5.2 Freiarbeit, „Wochenplan"

Wenn Erziehung als Hilfe zur Selbsthilfe auf den mündigen, verantwortungsbewussten Menschen zielt, dann können ausschließlich lehrerzentrierte Unterrichtsformen nicht den gewünschten Erfolg bringen. Offene Lernsituationen tragen dazu bei, dass Schüler ihren Lernprozess selbstständig und verantwortungsvoll übernehmen und individuell steuern. Sie sind befreit vom Getriebenwerden, ihr Selbstbewusstsein wächst.

Um sich diesem Ziel zu nähern, sollte man die folgenden **Merkmale offener Lernsituationen** möglichst häufig berücksichtigen:

➤ Das Planungsmonopol des Lehrers relativieren, indem Schülerinnen und Schüler zunehmend an der Schwerpunktsetzung, Inhaltsauswahl und Unterrichtsgestaltung beteiligt werden

➤ Das Lernbedürfnis der Schüler individualisieren, indem verschiedene Interessenlagen, Vorkenntnisse und Lerntempi berücksichtigt werden (Differenzierung)

➤ Kommunikationswege mehrbahnig gestalten, indem Informationen auch einmal vom Schüler zum Lehrer fließen und Schüler sich untereinander austauschen

➤ Konkurrenzverhalten abbauen, indem Kooperationsbereitschaft und Teamfähigkeit als bedeutsame Ziele des Unterrichts herausgestellt und über Gruppenarbeit eingeübt werden

➤ Das zu Lernende in seiner außerschulischen Bedeutsamkeit einsichtig machen, indem Möglichkeiten der Übertragbarkeit von Unterrichtsinhalten thematisiert und erfahrbar gemacht werden

➤ Die Lernumwelt „pädagogisch" machen, indem Wert gelegt wird auf gegenseitige Achtung (Empathie) und auf eine lernfördernde Umgebung

➤ Soziale und emotionale Prozesse in das Lernen einbeziehen, indem Gruppenprozesse gefördert werden und Gefühle wie Freude, Unlust, Mut und Angst geäußert werden dürfen

➤ Möglichst vielen „Lerntypen" das Lernen ermöglichen, indem der Unterricht mehrperspektivisch angelegt wird und möglichst viele Sinne anspricht

Zwei Begriffe kennzeichnen das schülerorientierte Verfahren im Rahmen offener Unterrichtssituationen: **Freiarbeit** und **Wochenplan**.

Freiarbeit ist dabei die grundsätzlichere Form. Die Schüler stellen sich selbst ein Thema und bearbeiten dieses eigenständig über einen längeren Zeitraum.

STREETBALL

Sie bestimmen Umfang und Zeit innerhalb eines Freiraums im Stundenplan (Initiativstunden) selber und fertigen zumeist ein Produkt.

Dabei können kleinere Aufträge als Gruppenarbeit im unterrichtlichen Rahmen, z.B. die Planung und Erprobung eines Fitness-Parcours, stattfinden. Daneben können aber auch größere Projekte klassen- und fächerübergreifend durchgeführt werden, z.B. die Gestaltung des Pausenhofs für die Durchführung von Pausensport.

Der **Wochenplan** (oder besser „Monatsplan" in Schulen mit Fachlehrersystem), ist gleichsam ein Lernen zwischen Pflicht und Kür. Er steckt engere Grenzen bzgl. möglicher Inhalte im zeitlichen Rahmen einer Woche (bzw. eines Monats). Durch ihn wird der Lehrer vom ständigen Portionieren der Wissenstorte entbunden. Er gibt Kindern die Möglichkeit, in einer vorgegebenen Zeit Pflichtaufgaben in eigener Reihenfolge zu bearbeiten und darüber hinaus Wahlaufgaben zu erledigen. Der Wochenplan kann als Ergänzung zu den üblichen Unterrichtsformen gesehen werden.

Die Kinder dürfen:

➢ eigene Ideen und Vorhaben bei der Planung einbringen
➢ Aufgaben aus einem Angebot auswählen
➢ allein oder mit Partnern Vorhaben auswählen

➢ mit einem oder mehreren Partnern zusammenarbeiten
➢ die Reihenfolge der Arbeiten selbst bestimmen
➢ ihre Zeit selbst einteilen
➢ individuell und differenziert üben
➢ ihre Arbeiten selbst kontrollieren
➢ vielfältiges Material experimentierend und kreativ nutzen
➢ Rat und Hilfe erbitten

Diese Unterrichtsform, die für andere Schulfächer konzipiert wurde und (besonders in Grundschulen) erfolgreich umgesetzt wird, könnte auch den Sportunterricht bereichern. Auf diese Weise könnte die zeitlich begrenzte Arbeit eines größeren Themenfeldes in leistungs- und interessendifferenzierten Kleingruppen gestaltet werden.

Die Palette der Möglichkeiten reicht von Einzelaufträgen (Planung und Durchführung eines individuellen Aufwärmprogramms) über die gemeinsame Gestaltung eines Fitnessparcours bis zur selbstständigen, längerfristigen Vorbereitung auf einen Wettkampf oder auf eine motorische Leistungsüberprüfung in der Oberstufe (z.B. Abitur).

Es ist allerdings in Rechnung zu stellen, dass gerade im Sportunterricht ein besonders großer Platz- und Gerätebedarf sowie die Sicherheitsfrage freie und offene Formen begrenzen.

Tätigkeit	Grundübung		Schwierigkeitsgrad I	
Rollen *Erst nach 3 gelungenen Versuchen abprüfen lassen!! (Kreuze für jede fehlerfreie Ausführung einen Smiley an!)*	***Kl. blaue Matte/Mattenbahn:*** Rolle vorwärts mit einem Tennisball, der während der gesamten Ausführung unter dem Kinn festgeklemmt bleiben muss		***Kl. blaue Matte/Mattenbahn:*** Rolle vorwärts aus dem Ausfallschritt auf die Füße ohne Nachdrücken der Arme	
	☺ ☺ ☺	Datum Unterschrift:	☺ ☺ ☺	Datum Unterschrift:
Stützen *Erst nach 3 gelungenen Versuchen abprüfen lassen!! (Kreuze für jede fehlerfreie Ausführung einen Smiley an!)*	***Barren:*** Stützeln vom vorderen bis hinteren Ende der Holmengasse des Barrens		***Barren:*** An einem Holm im Stütz mit dem Bauch zum Holm seitwärts von einem Ende zum anderen entlangstützeln	
	☺ ☺ ☺	Datum Unterschrift:	☺ ☺ ☺	Datum Unterschrift:
Balancieren *Erst nach 3 gelungenen Versuchen abprüfen lassen!! (Kreuze für jede fehlerfreie Ausführung einen Smiley an!)*	***Umgedrehte Bank auf einem kleinen Kasten (Wippe):*** Von einer Seite auf die andere Seite der Bank vorwärts und rückwärts gehen		***Hüfthoher Schwebebalken, Gymnastiktraining auf der Balkenmitte:*** Vorwärts auf den Balken gehen, den Reifen aufnehmen, durchsteigen und wieder ablegen. Anschließend eine $\frac{1}{2}$ Drehung ausführen und rückwärts zum Balkenende weitergehen	
	☺ ☺ ☺	Datum Unterschrift:	☺ ☺ ☺	Datum Unterschrift:
Springen *Erst nach 3 gelungenen Versuchen abprüfen lassen!! (Kreuze für jede fehlerfreie Ausführung einen Smiley an!)*	***Sprungseil/Seilchenspringen:*** Ohne Unterbrechung fünf Durchschläge auf dem linken Bein, fünf Durchschläge auf dem rechten Bein und abschließend fünf Durchschläge auf beiden Beinen ausführen		***Vierteiliger Längskasten, davor ein Reutherbrett, dahinter eine Turnmatte:*** Aus einem kurzen Anlauf vom Reutherbrett abspringen und aufhocken, auf dem Kasten vorlaufen und mit $\frac{1}{2}$ Drehung im sicheren Stand landen	
	☺ ☺ ☺	Datum Unterschrift:	☺ ☺ ☺	Datum Unterschrift:

Schwierigkeitsgrad 2	Schwierigkeitsgrad 3
Weichboden auf 2-3 fünfteiligen Kästen, davor ein Reutherbrett: Mehrmaliges Springen auf dem Reutherbrett mit Stütz auf der Weichbodenmatte mit abschließendem Aufrollen vorwärts	**Dreiteiliger Querkasten, davor ein Reutherbrett, dahinter eine Weichbodenmatte:** Aus einem kurzen Anlauf Sprungrolle (Flugrolle) über den Kasten (mit Sicherheitsstellung)
Datum Unterschrift: ☺ ☺ ☺	Datum Unterschrift: ☺ ☺ ☺
Barren: Aus dem Seitenstand vorlings Hockwende in den Stütz. Dann $^1/_4$ Drehung vw. in den Seitstütz auf einen Holm, $^1/_4$ Drehung rw. in den Querstütz, $^1/_4$ Drehung vw. in den Seitenstütz auf den anderen Holm, 1/4 Drehung rw. in den Querstütz	**Barren, Holme unterschiedlich gestellt (maximale Höhendifferenz 30 cm):** Von einem zum anderen Barrenende durchstützeln
Datum Unterschrift: ☺ ☺ ☺	Datum Unterschrift: ☺ ☺ ☺
Langbank, an einem Ende mit zwei Klettertauen schulterhoch verknüpft: Auf der Bank vorwärts hinauf und rückwärts herunter balancieren	**Hüfthoher Schwebebalken, dahinter Stufenbarren (Mattensicherung):** Bis zur Balkenmitte im Entengang gehen, danach bis zum Balkenende im Vierfüßlergang. Aufsteigen auf den niedrigeren Holm und über diesen bis zum Ende balancieren
Datum Unterschrift: ☺ ☺ ☺	Datum Unterschrift: ☺ ☺ ☺
Dreiteiliger Querkasten, davor ein Reutherbrett, dahinter Turnmatten: Aus einem kurzen Anlauf Diebsprung über den Kasten	**Fünfteiliger Längskasten, dahinter eine 1,80 m hohe Zauberschnur, Weichboden und dahinter eine Turnmatte:** Nach kurzem Anlauf auf den Kasten aufhocken. Danach Vorlaufen und Überspringen der Zauberschnur (mit Landesicherung)
Datum Unterschrift: ☺ ☺ ☺	Datum Unterschrift: ☺ ☺ ☺

Hangeln und Klettern Erst nach 3 gelungenen Versuchen abprüfen lassen!! (Kreuze für jede fehlerfreie Ausführung einen Smiley an!)	*Steckreck (Abstand 2 Reckstangen, die mittlere Säule ist entfernt):* An einem Tau, das an den beiden Säulen verknotet ist, von einem Seilende bis zum anderen hangeln		*Tau/Kletterstange:* Tau bzw. Kletterstange bis ganz nach oben hochklettern	
☺ ☺ ☺		Datum Unterschrift:	☺ ☺ ☺	Datum Unterschrift:
Schaukeln und Schwingen Erst nach 3 gelungenen Versuchen abprüfen lassen!! (Kreuze für jede fehlerfreie Ausführung einen Smiley an!)	*Schwingendes, kopfhohes Trapez, darunter 2 Weichböden hintereinander, davor ein Reutherbrett:* Aus einem kurzen Anlauf vom Reutherbrett in den Hang springen, vorschwingen und Niedersprung in den sicheren Stand		*Schwingendes, kopfhohes Trapez, Kreide oder Gummiseil auf dem entfernteren Weichboden:* Nach kurzem Anlauf Absprung in den Hang. Zweimal vor- und zurückschwingen, beim 3. Vorschwung Niedersprung mit $^1/_2$ Drehung über die Markierung	
☺ ☺ ☺		Datum Unterschrift:	☺ ☺ ☺	Datum Unterschrift:
Überschlag Freiwillig!! Erst nach 3 gelungenen Versuchen abprüfen lassen!! (Kreuze für jede fehlerfreie Ausführung einen Smiley an!)	*Querstehender hüfthoher Kasten, dahinter Weichbodenmatte:* Aus der Bauchlage aufrichten in den Handstand und gestreckt auf den Weichboden überfallen		*Zwei 1,5 Meter auseinanderstehende Weichböden:* Rad in der „Gasse" ausführen	
☺ ☺ ☺		Datum Unterschrift:	☺ ☺ ☺	Datum Unterschrift:

STREETB

Schwebebalken, darunter Turnmatten: Sprung in den Reitsitz. Dann senken in den Faultierhang und von einem Balkenende zum anderen hangeln		**Barren:** In Form der Zahl „8" die Holme umklettern	
☺ ☺ ☺	Datum Unterschrift:	☺ ☺ ☺	Datum Unterschrift:
Sprunghohe Ringe, darunter Turnmatten: Aufschwingen in den gehockten Kipphang, Drehung rückwärts und Niedersprung (mit Sicherheitsstellung)		**Sprunghohes Reck:** Schwingen im Langhang und jeweils beim Vorschwung zweimal eine $1/2$ Drehung ausführen	
☺ ☺ ☺	Datum Unterschrift:	☺ ☺ ☺	Datum Unterschrift:
Hüfthoher Turnbock/Pferd: Aus dem Quersitz rückwärts senken bis zum Handstand, während ein oder zwei Partner die Beine fixieren. Dann überschlagen in den Hockstand		**Drei Weichböden:** Aus einem kurzen Anlauf Absprung und „Salto" vorwärts in den Sitz mit leicht gegrätschten und gebeugten Beinen auf der obersten Weichbodenmatte	
☺ ☺ ☺	Datum Unterschrift:	☺ ☺ ☺	Datum Unterschrift:

Um eine vollständige Kopiervorlage zu erhalten,
bitte die Seiten so zusammenkleben:

S. 84	S. 85
S. 86	S. 87

5.3 Fachübergreifender, fächerverbindender Unterricht

„Alle wollen nur den Kopf in die Schule schicken, aber immer kommt das ganze Kind." Unter dem pädagogischen Anspruch einer ganzheitlichen Erziehung ist Schule nicht nur für die Köpfe, sondern auch für die Körper, nicht nur für intellektuelle, sondern auch für die motorische Entwicklung verantwortlich.

Erziehung im Rahmen des schulischen Doppelauftrags umfasst immer den ganzen Menschen in allen Dimensionen und kann nicht durch ein Schulfach im Alleingang geleistet werden. Erziehung als Ausprägung wünschenswerter Gewohnheiten ist immer ein langwieriger Prozess und bedarf einer stetigen, einheitlichen Bemühung.
Erziehungsaufträge der Schule können nur verwirklicht und das Denken und Handeln der Schülerinnen und Schüler über die Schulzeit hinaus nur geprägt werden, wenn sie fachübergreifend oder fächerverbindend als Lebensaufträge erkannt werden. Es muss daher die Lebenswelt der Heranwachsenden stärker in den Unterricht einbezogen werden.
Dieser Lebensbezug ist ein Charakteristikum des fachübergreifenden Lernens. Ganzheitlichkeit als zweites Kennzeichen bezieht den Menschen **und** die Sache ein. Ein Unterrichtsgegenstand sollte daher mit allen Sinnen handelnd erschlossen und mehrperspektivisch aufbereitet werden.

Im Gegensatz zu anderen Fächern bieten sich dem Lernbereich „Körper-Bewegung-Sport" besondere Vorteile für fächerverbindendes Lehren und Lernen. Sie liegen in der pädagogisch einzigartigen Möglichkeit, gesellschaftlich relevante Probleme und Aufgaben unmittelbar über den Körper und über Bewegung erfahrbar zu machen, d.h. die kulturelle und soziale Welt werden „erfahren", „begriffen", „erfasst".
Das Fach Sport kann sich insbesondere in solche fachübergreifende Fragestellungen einbringen, in denen unmittelbare Körper- und Bewegungserfahrungen eine wichtige Ergänzung der kognitiven Bearbeitung einer Thematik sein können. Das gilt z.B. für das Erlebnis physischer Erschöpfung oder das Problem der geschlechtsspezifischen Leistungsunterschiede.

Der organisatorische Rahmen ist dabei vielseitig. **Fachübergreifender Unterricht** findet zunächst im Fach selbst statt; er besteht aus dem „Blick über den Tellerrand". Hier kann die einzelne Lehrkraft übergreifende Zusammenhänge in eigener Zuständigkeit mehrperspektivisch (auch sportartübergreifend) und fachübergreifend planen und durchführen. So könnte z.B. der Sportlehrer in seiner Eigenschaft als Deutschlehrer literarisch gebundene Texte sportmotorisch inszenieren[9].

Fächerverbindender Unterricht besteht in der themen- oder problembezogenen Kooperation zweier oder mehrerer Fächer. Hier gilt es, Themenstellungen unter verschiedenen Fachperspektiven zu betrachten und dabei mehr als nur die Summe von Teilen zu erkennen.

Fächerverbindender Unterricht ist organisatorisch und planerisch aufwändig. Durchaus denkbar wäre es aber z.B., biologische Phänomene im Klassenraum über Sportmotorik zu verdeutlichen, oder in der Turnhalle biologische Grundlagen einer Bewegung vom Biologielehrer vermitteln zu lassen.

Insbesondere die Teamarbeit wäre hier ein probates Mittel zur Differenzierung und Individualisierung des Unterrichts. Wenn z.B. zwei Lehrkräfte zwei Lerngruppen gleichzeitig unterrichten, können sie ihre Fähigkeiten gezielt einbringen. Gleichzeitig ist eine Einteilung der Großgruppe in Neigungs- und Leistungsgruppen möglich und oft sinnvoll, insbesondere bei arbeitsteiliger Gruppenarbeit.

Besondere Gelegenheiten, fächerübergreifende und fächerverbindende Bezüge herzustellen, bieten sich in außerunterrichtlichen Veranstaltungen, z.B. Projekttage, Arbeitsgemeinschaften, Exkursionen oder Aufführungen. Schullandheimaufenthalte sind geeignet, Unterrichtsthemen und Alltagprobleme ganzheitlich zu erfassen und ohne festen Zeittakt projektorientiert zu behandeln, z.B. Umweltproblematik, gesunde Lebensführung, Sport und Natur.

Im Sinne der Öffnung von Schule kann in fachübergreifenden und fächerverbindenden Projekten verstärkt auch das schulische System überschritten und nach außen geöffnet werden. Kontakte zu außerschulischen Institutionen (z. B. zu Sportvereinen, Fitnessstudios, Eissporthallen, usw.) sollten hergestellt und genutzt werden. Exkursionen ermöglichen Erfahrungen und Einsichten aus erster Hand. Der Einbezug externer Expertinnen und Experten kann neue Perspektiven eröffnen und die Lernerfahrungen verbreitern.

Einige Kriterien für die Gestaltung einer fachübergreifenden Vermittlung sind gleichzeitig Grundlagen erzieherischer Bemühungen im Unterricht:

1. Fragen und Interessen der Schülerinnen und Schüler müssen ernst genommen werden. Vorwissen und Wünsche sollen mit dem zu vermittelnden Wissen in einen Sinnzusammenhang gebracht werden.

2. Ganzheitliches Lernen in der Einheit von Wahrnehmen, Erfahren und Begreifen und unter Berücksichtigung möglichst aller Sinne erzielt den größten Effekt. Die Inhalte sollten erfahrungs- und problemorientiert angeboten werden.

3. Selbstständiges Handeln fördert die aktive Beteiligung aller am Arbeits- und Lernprozess, die Planungskompetenz,

89

die Darstellung und Reflexion der Ergebnisse.

4. Kommunikation und Kooperation müssen gefördert werden, um gegenseitige Rücksichtnahme, Einordnung in die Gruppe und die Fähigkeit zur Konfliktbewältigung zu erlernen.

5. Öffnung des Unterrichts bedeutet die Entwicklung von Selbsttätigkeit und Selbstständigkeit, aber auch fächerübergreifende Kooperation und die Orientierung zu außerschulischen Lernorten.

Ein anschauliches Beispiel soll die Möglichkeiten einer Vernetzung des Faches Sport mit anderen Schulfächern verdeutlichen (vgl. LSW 1998a, 52 f).

Unter dem Thema „Radfahren in der Stadt" können sich mehrere Fächer für eine Erziehung zur kompetenten und verantwortungsvollen Teilnahme am Straßenverkehr engagieren.

Im Rahmen einer Fahrradwerkstatt[10] können Kompetenzen unter dem Blickwinkel verschiedener Fachrichtungen aufgebaut werden, die stichwortartig in der nachfolgenden Übersicht aufgeführt sind:

Arbeitslehre/ Technik	Werken und Basteln, Organisation eines Fahrradverleihs, Erkundung des Radwegenetzes, Dokumentation des Projekts usw.
Gesellschaftslehre	(Politik, Erdkunde, Geschichte): Verkehrsplanung, Werbung, Vermarktung, Geschichte des Fahrrads, Umweltaspekte, Soziale Bedeutung des Fahrrads, Sicherheitsprobleme im Straßenverkehr
Deutsch	Erörterungen (z.B. „Pro und Contra Radfahren"), Vorgangsbeschreibung (z.B. „Reparaturanweisung"), Erlebnisbericht „Radtour", Dokumentation eines Projekts
Physik	Fahrradantrieb, Kraftübertragung, Gleichgewicht, Trägheit, Fliehkraft, Reibungs-, Roll- und Luftwiderstand, Beleuchtung usw.

STREETBALL

Mathematik	Datenermittlung, Messungen und Berechnungen (z.B. Größe der Zahnkränze, Preiskalkulationen) usw.
Kunst	Design und Farbgestaltung, Fahrradwerbung, Kunstobjekte aus Sperrmüllrädern usw.
Biologie	Bewegungsabläufe, Körperhaltung, Herz-Kreislaufbelastung, Kalorienverbrauch usw.
Chemie	Reinigungs-, Pflege- und Schmiermittel und deren Umweltverträglichkeit usw.
Sport	Das Fahrrad als Sportgerät zur Verbesserung der konditionellen und koordinativen Fähigkeiten, Umwelt- und Körpererfahrung, Schulung des Sozialverhaltens in der Gruppe

Drei Themenbeispiele verdeutlichen, wie vielfältig der fachübergreifende Zugriff sein kann:

1. Das Fahrrad als Spiel- und Sportgerät
   * Inhalte: Rad-Check, Fahrradturnier, Radtouren, Radrennen
   * Vernetzungen: Technik (Fahrrad-Werkstatt), Biologie (Radfahren hält fit), Physik (Warum kann man eigentlich Radfahren?)

2. Planung eines Radrundwegs um die Schule
   * Inhalte: Orientierung, Strecken- und Belastungsprofil, Verkehrsbeobachtung, Radsportfest
   * Vernetzung: Biologie (Stadtluft macht krank), Gesellschaftslehre (Mobilität und Verkehrsmittel), Physik (Geschwindigkeit, Steigung...)

3. Touren in der Stadt und um die Stadt
   * Inhalte: Die Öko–Tour, die Sport-Tour, die Freizeit–Tour
   * Vernetzung: Deutsch (Fahrradgeschichten), Gesellschaftslehre (Stadt-Tourenführer mit dem Rad), Biologie (Landschaftsökologische Spurensuche) (s. LSW, 1998a, S.55 ff.)

Projektorientierter Unterricht ist anwendungsbezogen, kurzphasig und produktorientiert. Er kann im Fach selbst oder fächerverbindend stattfinden. Oft handelt es sich um kompakte übergreifende Projektveranstaltungen, z.B. im Rahmen einer Projektwoche. Diese Veranstaltungsform soll den Schülerinnen und Schülern die Möglichkeit geben, erlernte Arbeitsmethoden aus unterschiedlichen Fachbereichen selbstständig auf ein komplexes Problem zu beziehen. Sie sollen ein Problem aus der Perspektive mehrerer Fächer sehen.

Mögliche Themen für die Arbeit einer Projektphase wären:

➤ Konzeption eines Fitness-Parcours
➤ Ausarbeitung und Durchführung eines Lauftreffs
➤ Erarbeitung und Aufführung eines Bewegungstheaterstücks
➤ Vorbereitung und Durchführung eines Ski-Kompaktkurses
➤ Schule ohne Rassismus – ein interkulturelles Schulfest

5.4 Schulprogramm

Mit dem sogenannten Schulprogramm wird bereits in mehreren Bundesländern versucht, gesellschaftlichen Anforderungen an die Institution Schule über mehr Eigenständigkeit und Gestaltungsautonomie gerecht zu werden.

Im Schulprogramm sollen die Schulen im Rahmen ihrer individuellen Entwicklungsplanung pädagogische Zielsetzungen festlegen. Dabei wird in Verbindung von unterrichtlichen und außerunterrichtlichen Aktivitäten bzw. unter Mitwirkung aller Beteiligten eine eigene Identität entwickeln.

Hier kommt der Fachkonferenz Sport eine besondere Bedeutung zu. Es ist eine ihrer im Schulmitwirkungsgesetz verankerten Aufgaben, den Schulsport zu entfalten und Beiträge zum Schulprogramm zu entwickeln.

Da es im Schulprogramm um **pädagogische** Schwerpunkte geht, ist der Beitrag eines **Erziehenden Sportunterrichts** hier nicht nur möglich, sondern unverzichtbar. Das gilt insbesondere wegen der Unverwechselbarkeit des Schulfachs Sport als Bewegungsfach und wegen des ganzheitlichen Zugangs beim Bewegunglernen. Die nachfolgende Übersicht verdeutlicht, warum gerade Bewegung, Spiel und Sport im Rahmen einer „Bewegungsfreudigen Schule" Bestandteil des Schulprogramms sein sollten.

(s. LSW, 1999, 164ff)

Die „Bewegungsfreudige Schule" im Kontext einer gesunden Entwicklung von Kindern und Jugendlichen (funktionaler Ansatz)

Ausgangslage	Pädagogische Zielorientierung
➢ Kinder beschäftigen sich zunehmend mit bewegungsarmen Tätigkeiten. ➢ Kinder spielen mit wenigen Spielpartnern, oft allein. ➢ Kinder suchen in ihrer Freizeit häufig konsumorientierte Abwechslung wie Musik hören, Computerspiele, Videos oder Fernsehsendungen. ➢ Kinder stehen oft auch unter dem Termindruck überorganisierter Freizeitangebote. Ihre Freizeit ist verplant, Zeit für spontane Spielaktivitäten bleibt kaum. ➢ Kinder üben sich weniger darin, fantasievoll und kreativ Spielsituationen selbst zu arrangieren, Spielmaterialien zu entdecken und ihnen einen Sinn selbst zuzuschreiben. ➢ Kinder verarmen in ihren Bewegungserfahrungen. ➢ Bewegungsorientierte Trends in der Jugendkultur fordern häufig nur kurzzeitige Bindungen heraus. ➢ Jugendliche finden nur zum Teil ihren Bedürfnissen entsprechende Bewegungsangebote im organisierten Sport. ➢ Freizeitaktivitäten, die an elektronische Medien gebunden sind, nehmen einen noch größeren Raum ein.	➢ Bewegung erschließt die Welt **(instrumentelle Funktion).** ➢ Bewegung erschließt nachhaltige Körpererfahrungen **(impressive Funktion).** ➢ Kinder drücken sich durch Bewegung aus **(expressive Funktion).** ➢ Bewegung ermöglicht eine intensive Auseinandersetzung mit der Umwelt, mit Geräten und Materialien **(explorative Funktion).** ➢ Bewegung eröffnet den Zugang zu anderen Menschen **(kommunikative Funktion).** ➢ Bewegung macht kräftiger und ausdauernder **(adaptive Funktion).** ➢ Angemessene Bewegungsreize sorgen für eine Optimierung der Organfunktionen. ➢ Bewegung erschließt bedeutsame leibliche, materiale und soziale Erfahrungen, die für die Identitätsentwicklung ebenso hoch einzuschätzen sind wie für Sozialisierungsprozesse.

Die „Bewegungsfreudige Schule" im Kontext eines ganzheitlichen Erziehungsverständnisses (ganzheitlicher Ansatz)

Ausgangslage	Pädagogische Zielorientierung
in der Lebensumwelt: ➢ Individualisierung, Entsolidarisierung ➢ Spezialisierung auf technische Lebensbewältigung ➢ Funktionalisierung des Körpers ➢ verkopfte Lebensweise ➢ „Körper-Haben" statt „Körper-Sein" **im schulischen Bereich:** ➢ Überzogene Fächerung und Gliederung des Schultages ➢ Unterrichtsplanung nach Einzelfaktoren ➢ Zerlegung von Ganzheiten in Einzelteilen ➢ Trennung von Kopf-, Hand- und Körperarbeit	**in der Sportpraxis (u. a.):** ➢ Reflexion ➢ Erleben ➢ Kreativität **fachübergreifend:** ➢ „Stilleübungen" ➢ „Sensibilisierung für Körpererfahrung" ➢ „Fantasiereisen" ➢ Bewegungspausen im Unterricht ➢ Aktive Pause ➢ Schullandheimaufenthalte/Kompaktkurse mit sportlichem Schwerpunkt ➢ Spiel- und Sportfeste ➢ Kooperation Schule/Verein im sportlichen Förder- und Leistungsbereich **Lernen in der Schule:** ... auf Ganzheitlichkeit, die Zusammengehörigkeit von Körper und Geist, den Zusammenhang von Wahrnehmen, Erleben und Bewegen gerichtet ... **Leben in der Schule:** ... Ausgestaltung als Lebensraum u.a. mit einem rhythmisch gestalteten Tagesablauf ...

94

STREETBALL

Im Sportunterricht wird die Basis gelegt für die kompetente Teilnahme am Bewegungsleben in der Schule und in der Gesellschaft. Im Wahlpflichtunterricht und im Sportförderunterricht erfährt die Grundausbildung eine Vertiefung bzw. Ergänzung. Entscheidende Beiträge für das Schulprogramm leisten aber auch außerunterrichtliche Veranstaltungen. Dazu gehören Arbeitsgemeinschaften (auch unter Schülerleitung), Pausensport, Schulsportfeste, Schulsportwettkämpfe, Schulsporttage und Schulfahrten mit sportlichen Schwerpunkten (z.B. Schulskikurse). Exemplarisch für die Erziehungsmöglichkeiten in diesen Bereichen kann der Pausensport stehen.

Den unterschiedlichen Bedürfnissen der Schülerinnen und Schüler nach Ruhe und Entspannung bzw. nach Bewegungsaktivitäten kann durch eine Pausenhofgestaltung in Bewegungs- und Ruhezonen Rechnung getragen werden.

Damit wird gleichzeitig das Unfallrisiko deutlich gesenkt. In gemeinsamer Planung und Durchführung werden Bewegungsanlässe gestaltet. Die Lehrkräfte haben hier die einzigartige Möglichkeit, sich außerhalb hierarchischer Strukturen und ihrer institutionellen Funktion persönlich einzubringen, z.B. auch als Mitspieler.

Ein besonders gutes Beispiel für den Beitrag des Sports zu einem Schulprogramm zeigt das Konzept einer bewegten Schule, das vor allem im Grundschulbereich weite Beachtung erfährt. Es geht darum, Bewegung als menschliches Grundbedürfnis in das Zentrum des Schulalltags zu stellen. Bewegung wird dabei nicht nur zum Unterrichtsprinzip erhoben (s. Schaubild), sondern wird auch zum pädagogischer Grundsatz im außerunterrichtlichen und außerschulischen Bereich. „Bewegung ist nicht alles – aber alles ist nichts ohne Bewegung." (Völker, 1997)

Bewegung als ein Unterrichtsprinzip

- ➢ Bewegtes Lernen
- ➢ Bewegtes Sitzen
- ➢ Angepasstes Schulmobiliar
- ➢ Wahrnehmungsbezogener Sport
- ➢ Bewegte Pausengestaltung
- ➢ Schulzimmergestaltung
- ➢ Mentale Entspannung
- ➢ Entlastungsbewegung

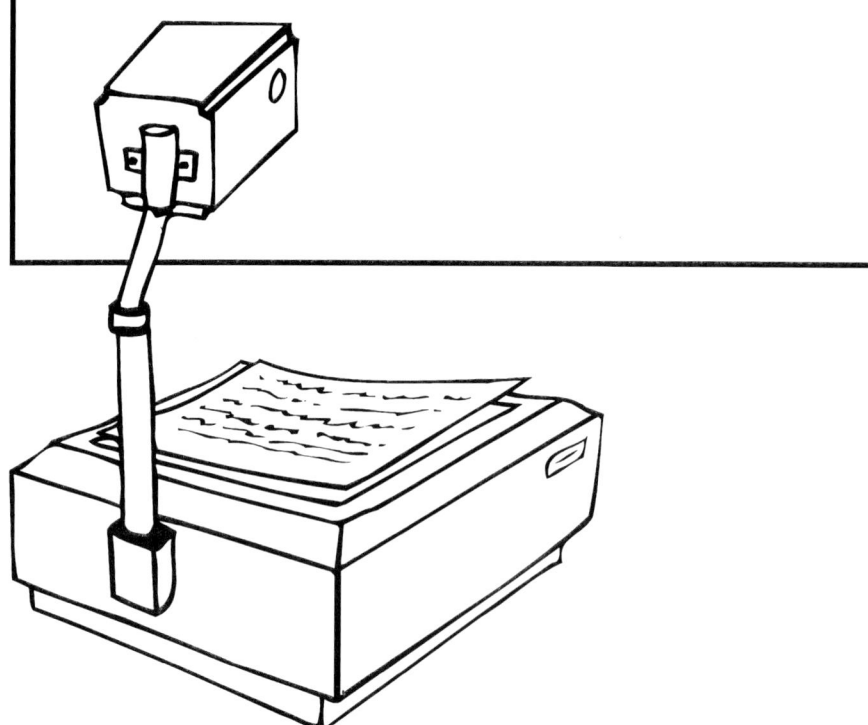

STREETBALL

Eine bewegungsfreudige Schule bemüht sich um gute äußere Rahmenbedingungen für Sport, Spiel und Bewegung. Es werden Bewegungs- und Spielräume geschaffen und Spielgeräte zur Verfügung gestellt. Das gilt sowohl für das Innere der Schule (Klassenraum als Bewegungsraum, möglichst mit ergonomischem Schulmobiliar) als auch für den Außenbereich (Pausenhofgestaltung).

Eine bewegte Schule macht Körper- und Gesundheitsbildung verbindlich, indem sie fächerübergreifend gesundheitsbedeutsame Themen bearbeitet. Sie kümmert sich um Hygiene und gesunde Ernährung, um bewegtes Sitzen und Arbeiten. Sie befähigt Kinder und Jugendliche, Verantwortung für die eigene Gesundheit und die anderer zu übernehmen. Sie setzt aktive Entlastungs- und Entspannungsphasen im Unterricht ein, um Fehlhaltungen vorzubeugen (bewegtes Sitzen). Sie führt Bewegungspausen im Unterricht und die tägliche Bewegungszeit ein zur Steigerung der Lern- und Konzentrationsleistung. Eine bewegte Schule plant und realisiert mit allen gemeinsam Projekte, in denen Bewegung und Spiel gesundheitsorientiert, vielseitig und freudvoll gestaltet werden.

Die bewegte Schule und besonders der bewegungsintensive Sportunterricht leisten einen entscheidenden Beitrag zur Erziehung, wenn sie als Lebensprinzip verstanden und praktiziert werden. Bewegung bekommt eine zentrale Bedeutung für das Selbstkonzept der Kinder und Jugendlichen. Lehrer und Lehrerinnen, aber auch die Eltern, die aktiv mit einbezogen werden sollen, können in ihrer Vorbildfunktion einen entscheidenden Beitrag leisten für die Gesundheit ihrer Kinder.

Schulprogramm
„Bewegungsfreudige Schule"

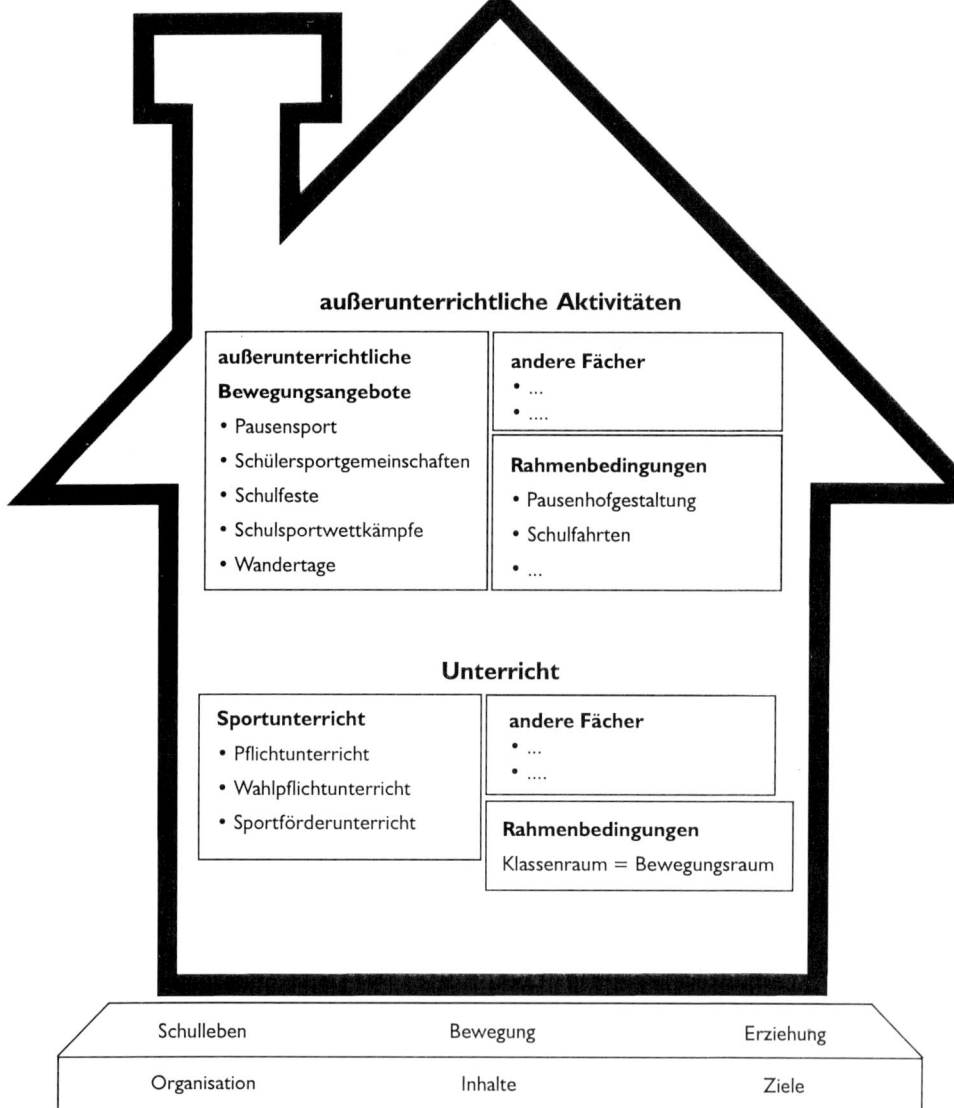

außerunterrichtliche Aktivitäten

außerunterrichtliche Bewegungsangebote	**andere Fächer**
• Pausensport	• ...
• Schülersportgemeinschaften	• ....
• Schulfeste	**Rahmenbedingungen**
• Schulsportwettkämpfe	• Pausenhofgestaltung
• Wandertage	• Schulfahrten
	• ...

Unterricht

Sportunterricht	**andere Fächer**
• Pflichtunterricht	• ...
• Wahlpflichtunterricht	• ....
• Sportförderunterricht	**Rahmenbedingungen**
	Klassenraum = Bewegungsraum

Schulleben	Bewegung	Erziehung
Organisation	Inhalte	Ziele

STREETBALL

Fragen zu einer bewegungsfreudigen Schule:

> Ist der Bereich Bewegung/Spiel/Sport (Sportunterricht) in Einzelstunden organisiert?

> Wird eine fächerübergreifende Berücksichtigung des Bereichs Bewegung/Spiel/Sport deutlich?

> Wird, falls der Sportunterricht aus zwingenden organisatorischen Gründen gekürzt werden muss, als Ersatz ein Bewegungs- und/oder Spielangebot in den Stundenplan eingebaut?

> Ist die Bedeutung von Bewegung/Spiel/Sport für eine aktive Freizeitgestaltung deutlich?

> Haben die Schülerinnen und Schüler Möglichkeiten, ihre eigenen Bewegungserfahrungen aktiv ins Schulleben einzubringen?

> Verfügt jedes Kollegiumsmitglied über einen ausreichenden Fundus an Bewegungsspielen und Entspannungsangeboten, die im Klassenraum realisierbar sind?

> Wird der Unterricht bei Bedarf (Ermüdung, Konzentrationsabbau, Aggressionsstau) durch Bewegungsspiele aufgelockert (Sammlung geeigneter Materialien im Klassenraum)?

> Lassen die Klassenräume Bewegungsspiele und Entspannungsübungen von ihrer Gestaltung her zu?

> Gehören Bewegungs-/Spiel-/Sportfeste zum Sportprogramm?

> Werden schulinterne Wettkämpfe angeboten?

> Findet der Aspekt der Bewegung bei der Planung von Schulfesten Berücksichtigung?

> Haben die Schülerinnen und Schüler die Möglichkeit, sich in den Pausen entsprechend zu bewegen (Ausgabe entsprechender Geräte, z. B. Pedalos, Stelzen, Reifen, Bälle)?

> Gibt es auch gemeinsame Angebote, wie z. B. Pausentanz, an denen sich auch Lehrkräfte (und/oder Erziehungsberechtigte) beteiligen?

> Sind die Orte, die uns im Nahbereich der Schule Bewegung ermöglichen (Wald ...), bekannt?

> Ist das Schulgelände so gestaltet (oder kann es so gestaltet werden), dass Bewegungsspiele jederzeit realisierbar sind?

> Lassen wir anstelle eines starren Pausenrasters ein individuelles, flexibles Bewegungsangebot auf dem Schulhof zu?

> Haben wir Sitzbälle in den Klassen?

> Ziehen wir aktive Wandertage dem Bustourismus vor?

> Gibt es Programme für Bewegung/ Spiel/Sport und Entspannung auch für Wandertage und Schullandheimaufenthalte?

> Gibt es an der Schule freiwillige Schülersportgemeinschaften und/oder Arbeitsgemeinschaften?

> Informieren wir auch auf Veranstaltungen für Erziehungsberechtigte über unser Anliegen „bewegungsfreudige Schule"?

> Findet der Aspekt von Bewegung/ Spiel/Sport bei Konferenzen und/oder schulinternen Fortbildungsveranstaltungen genug Berücksichtigung?

> Wird mit Sportvereinen und weiteren außerschulischen Trägern (z. B. Krankenkassen, Jugendfreizeitstätten etc.) kooperiert?

> Nimmt die Schule an außerschulischen Veranstaltungen und Wettkämpfen teil ?

> Wird der Bereich Bewegung/Spiel/ Sport im Schulbudget regelmäßig und angemessen berücksichtigt?

> Kann auch mit Mitteln des Fördervereins für den Bereich Bewegung gerechnet werden?

(nach: „Projektgruppe Dortmund" in ASCHEBROCK, 1997, 10)

100

STREETBALL

Schlussbemerkungen

Mit der vorliegenden Broschüre zum Erziehenden Sportunterricht
wollten die Autoren allen interessierten Sportlehrkräften aufzei-
gen, warum und wie die allgemeinen gesellschaftlichen Ansprüche
an einen pädagogisch ausgerichteten Schulsport einzulösen sind.
Dabei konnte es nicht darum gehen, die Fülle der theoretischen
und didaktischen Aspekte dieses Themas auch nur ansatzweise systematisch und wissenschaftlich aufzuarbeiten. Frei nach der Erkenntnis, dass die Theorie da aufhört, wo die Praxis anfängt, sollten
weniger theoretische Konstrukte als vornehmlich schulpraktische
Gesichtspunkte die Argumentation für einen Erziehenden Sportunterricht stützen.
Mit den drei Fragen nach dem Was?, Warum? und Wie? wurde versucht, Möglichkeiten einer Erfüllung des schulischen Doppelauftrags
im Fach Sport strukturiert aufzuzeigen. Die Leser und Leserinnen
sollten sensibilisiert und motiviert werden für die Notwendigkeit einer Neuorientierung des Sportunterrichts („Wer ein Warum hat,
dem ist kein Wie zu schwer." Nietzsche). In der Besinnung auf die besonderen Stärken des einzigen Bewegungsfachs in der Schule
wird es gelingen, den unverwechselbaren Erziehungsbeitrag des
Schulsports zum Wohle der nachwachsenden Generation deutlich
zu machen und zu leisten.

1. Aschebrock, H.: **Bewegung in der Schulentwicklung! Schulentwicklung ohne Bewegung?** Sportpädagogik 4/97

2. Balz, E.: **Fachdidaktische Konzepte oder: Woran soll sich der Schulsport orientieren?** Sportpädagogik 2/92

3. Balz, E.; Neumann, P.: **Erziehender Sportunterricht.** In: Günzel. W.; Laging, R.: Neues Taschenbuch des Sportunterrichts. Grundlagen und pädagogische Orientierungen. Band 1. Baltmannsweiler 1999

4. Balz, E.; Neumann, P. (Hrsg.): **Wie pädagogisch soll der Schulsport sein?** Schorndorf, 1997

5. Beckers, E.: **Braucht der Schulsport neue pädagogische Orientierungen?** In: Landesinstitut für Schule und Weiterbildung (Hrsg.): Schulsport in Bewegung. Verlag für Schule und Weiterbildung. Dokumentation des ersten Schulsportsymposiums Nordrhein-Westfalens. Bönen, 1995

6. Bielefelder Sportpädagogen. **Methoden im Sportunterricht. Schorndorf,** 1989.

7. Brodtmann, D., Klupsch-Sahlmann, R.. **Unterricht vorbereiten.** Sportpädagogik, 1/1999

8. Dieckert, J.: **Sozialerziehung – aber wie macht man das?** In: Betrifft Sport, 5/2000

9. Dietrich, K., Landau, G.: **Sportpädagogik. Reinbek,** 1990

10. Friedrich **Jahresheft IV. Lernen.** Friedrich/Klett Verlag, 1986

11. Funke, J.: Einleitung. In: Funke, J. (Hrsg.): **Sportunterricht als Körpererfahrung. Reinbek,** 1983

12. Funke, J.: **Unterricht öffnen – offener unterrichten.** Sportpädagogik 2/91

13. Funke-Wieneke J.: **Vermitteln-Schritte zu einem ‚ökologischen' Unterrichtskonzept.** Sportpädagogik, 5/1995

14. Funke-Wieneke J.: **Erziehen im Sportunterricht,** Sportpädagogik, 4/99

15. Funke-Wieneke J.: **Was Ist Zeitgemäßer Sportunterricht?** Sportpädagogik 1/2001

16. Gramer E.: In Bovet/Huwendiek (Hrsg.): **Leitfaden Schulpraxis. Pädagogik und Psychologie für den Lehrberuf.** Berlin 1998

STREETBALL

17. Grössing, S.: **Bewegungskulturelle Bildung statt sportlicher Handlungsfähigkeit.** In: Balz, E., Neumann, P. (Hrsg.): Wie pädagogisch soll der Schulsport sein? Schorndorf 1997, 33- 45

18. von Hentig, H.: **Die klügeren Antworten auf die alten Schwierigkeiten.** In: Prüfen und Beurteilen. Friedrichverlag, Jahresheft 1996

19. Herausgeberkollegium: **Schulsport – wohin?** Sportpädagogische Grundfragen. Sportpädagogik, 1/1997

20. Kaiser, A., Kaiser, R.: **Studienbuch Pädagogik.** Frankfurt am Main, 1991

21. Klein, M. (Hrsg.): **Sport und Körper.** Rowohlt, Reinbek 1984

22. Kottmann, L., Küpper, D.: **Gesundheitserziehung.** Baltmannsweiler, 1996

23. Kottmann L.; Schaller H.-J.; Stibbe G. (Hrsg.). **Sportpädagogik zwischen Kontinuität und Innovation.** Schorndorf, 1999

24. Kurz, D.: **Vom Vollzug von Leibesübungen zur Handlungsfähigkeit im Sport – Wandlungen didaktischer Grundvorstellungen.** In: Peper, D., Christmann, E. (Hrsg.): Zur Standortbestimmung der Sportpädagogik. Schorndorf, 1987

25. Kurz, D.: **Wie offen soll und darf der Sportunterricht sein?** In: Bielefelder Sportpädagogen. Methoden im Sportunterricht. Schorndorf, 1989.

26. Kurz, D.: **Zur pädagogischen Grundlegung des Schulsports in Nordrhein-Westfalen.** In: LSW Werkstattberichte zur Curriculumrevision im Sport, Heft 3. Soest, 1997

27. Laging, R.: **Methoden im Sportunterricht.** Sportpädagogik,5/2000

28. LSW (Hrsg.).**Sportunterricht ohne Grenzen.** Bönen,1998a

29. LSW (Hrsg.).**Mädchen und Jungen im Schulsport.** Bönen, 1998b

30. LSW (Hrsg.).**Bewegung, Spiel und Sport im Schulprogramm.** Bönen,1999

31. LSW (Hsrg.). **Erziehender Schulsport.** Pädagogische Grundlagen der Curriculumrevision in Nordrhein-Westfalen. Bönen, 2000

32. Miethling, W.-D.: **Unterrichtsstörungen,** Sportpädagogik, 5/1993

33. Miethling, W.-D.: **Bewerten und Zensieren.** Sportpädagogik, 4/1997

34. Ministerium für Schule und Weiterbildung, Wissenschaft und Forschung
(Hrsg.): **Sekundarstufe II Gymna-
sium/Gesamtschule, Richtlinien
und Lehrpläne Sport.** Frechen,
1999

35. Saß, I.: **Themenorientierter
Sportunterricht – aber wie?**
In: Balz, E.: Neumann, P. (Hrsg.):
Wie pädagogisch soll der Schulsport
sein? Schorndorf, 1997

36. Scheffel, H.: **Mädchensport und
Koedukation. Aspekte einer fe-
ministischen Sportpraxis.**
Butzbach-Griedel, 1996

37. Scherler K.: **Die Instrumentalisierungsdebatte in der Sportpädagogik.** Sportpädagogik, 2/97

38. Söll, W., Kern, U.: **Alltagsprobleme
des Sportunterrichts.** Schorndorf,
1999

39. Stibbe, G.: **Bewegung, Spiel und
Sport als Elemente des
Schulprogramms.** Baltmannsweiler,
1998

40. Stibbe, G.: **Vom Sportartenprogramm zum erziehenden
Sportunterricht.** Sportunterricht,
7/2000

41. Völker, K.: **Bewegung ist nicht alles, aber alles ist nichts ohne Bewegung.** In: Hübner H., Hundeloh,
H. (Red.): Mehr Sicherheit im
Schulsport – Bilanz und Perspektiven. Münster, 1997

42. Wopp, C.: **Auf dem Weg zu einer
lernenden Gesellschaft.** Sportpädagogik, 1/2000

43. Wydra, G.: **Manuskript zur Vorle-
sung „Grundlagen der Sportpädagogik".** Saarbrücken, 1999
(http://www.uni-saarland.de/fak5/
sportpaed/pdf/Sportpaedagogik.pdf)

44. Zimmer, R./Cicurs, H.:
Psychomotorik. Hofmann,
Schorndorf 1987

STREETBALL

1 „Die Schule bringt dem Menschen das Urteil in den Kopf, ehe er die Sache sieht und kennt." (Pestalozzi)
„Denken und Tun, Tun und Denken, das ist die Summe aller Weisheit."
(Goethe)

2 Jürgen Funke-Wieneke, „Was ist zeitgemäßer Sportunterricht", Sportpädagogik 1/2001, S.48.

3 Im Kapitel 3 „Frage nach dem Wie?" werden dazu einige Beispiele genannt.

4 Laut Schulreport haben ca. 50-65 % Haltungsschwächen, ca. 30% Herz-Kreislaufschwächen, ca. 40% Koordinationsschwächen und sind etwa 25% überernährt.

5 Im Verlag an der Ruhr erscheinen ausgearbeitete Unterrichtsbeispiele (u.a. auch zu diesem Thema) eines erziehenden Sportunterrichts.

6 Bewertung messbarer Leistungen : Zentimeter (c) , Gewicht (g), Zeit (s)

7 Die vollständige Unterrichtsreihe erscheint im Verlag an der Ruhr.
(siehe rechts)

8 „Wenn Ordnungsbemühungen von Sportlehrern in ein heilloses Durcheinander führen, wenn Hilfen zum Hindernis geraten, wenn Strafen als Belohnung und Belohnungen als Strafen verstanden werden oder wenn förderlich gedachte Sonderregelungen das Spiel zerstören, dann haben wir es mit unge- wollten Nebenwirkungen, Brüchen, Widersprüchen oder eben ‚Fallen' des Unterrichts zu tun." (Miethling, 1993, 21)

9 Ein solches fächerübergreifendes Projekt ist in den begleitenden Umsetzungsbeispiele im Verlag an der Ruhr beschrieben.
(siehe unten)

10 Die Broschüre „Werkstatt-Unterricht", erschienen im Verlag an der Ruhr, liefert anschauliche Erläuterungen dieser Methode.

Vorankündigung

In der Reihe
Erziehender Sportunterricht – praktisch
erscheinen im Verlag an der Ruhr konkrete Umsetzungsbeispiele aus dem Lehrplan mit detaillierten Stundenentwürfen inklusive der passenden Arbeitsblätter.
Von M. Mertens und H. Zumbült.
Alle Bände erscheinen als A4-Papphefter mit ca. 30 Seiten.
Weitere Informationen entnehmen Sie bitte unserer Internetseite www.verlagruhr.de und unserem Katalog 2/2001.

* **Sport und Spiel mit Pappe und Papier**
  Klasse 5/6
  ISBN 3-86072-626-9

* **Bewegungstheater**
  Klasse 7/8
  ISBN 3-86072-627-7

* **Laufen, Springen, Werfen**
  Klasse 10/11
  ISBN 3-86072-628-5

* **Sportartenübergreifende Zweikampfschulung – Sicherheit und Fairness**
  Klasse 10/11
  ISBN 3-86072-629-3

* **Step-Aerobic als Fitnesstraining**
  Klasse 12/13
  ISBN 3-86072-630-7

* **Lange Ballwechsel im Volleyball**
  Klasse 12/13
  ISBN 3-86072-631-5

Verlag an der Ruhr

www.verlagruhr.de

Streetball
und 120 andere coole Spielideen
Friedhelm Heitmann
120 S., 16 x 23 cm, Pb.
ISBN 3-86072-178-X
Best.-Nr. 2178
19,80 DM/sFr/145,- öS
ab 01.01.2002
10,20 € [D]

Inline-Skaten lernen – aber sicher!
Ein Trainingsbuch für Schule, Kinder- und Jugendgruppe
Gudrun Schlichte
7–14 J., 108 S., 16 x 23 cm, Pb.
ISBN 3-86072-487-8
Best.-Nr. 2487
22,50 DM/sFr/164,- öS
ab 01.01.2002
11,50 € [D]

Fitness Fun Spiele

Fitness-Training ohne Trott
700 abwechslungsreiche Übungen
Peter Naunheim
256 S., A4, Pb.
ISBN 3-86072-229-8
Best.-Nr. 2229
42,- DM/sFr/307,- öS
ab 01.01.2002
21,50 € [D]

Fun-Olympics
Sport- und Spaßspiele für alle
*Almuth Bartl,
Dorothee Wolters (Illustr.)*
5–99 J., 94 S.,
18,5 x 23,5 cm,
Hardcover, vierfarbig
ISBN 3-86072-445-2
Best.-Nr. 2445
29,85 DM/sFr/218,- öS
ab 01.01.2002
15,30 € [D]

Indianer-Spiele
Spiele der Ureinwohner Amerikas für die Kids von heute
Ruben Philipp Wickenhäuser
240 S., 16 x 23 cm, Pb.
ISBN 3-86072-293-X
Best.-Nr. 2293
36,- DM/sFr/263,- öS
ab 01.01.2002
18,40 € [D]

Spielen mit dem Ball
Ein Übungsbuch für Kindergarten und Grundschule
Peter Frey, Thomas Klotz
Kiga/GS, 128 S.,
16 x 23 cm, Pb.
ISBN 3-86072-310-3
Best.-Nr. 2310
25,- DM/sFr/183,- öS
ab 01.01.2002
12,80 € [D]

Verlag an der Ruhr **Bücher für die pädagogische Praxis**

Postfach 102251 • D–45422 Mülheim an der Ruhr
Tel.: 0208/495040 • Fax: 0208/4950495
e-mail: info@verlagruhr.de

Was ist … erziehender Sportunterricht? 03/2001